"十二五"职业教育国家规划教材配套教材

普通高等教育"十一五"国家级规划教材配套教材

21世纪高职高专财经类专业核心课程教材

统计学原理

标准化题型习题集

(第七版)

栗方忠 主 编

屈 超 李连友 满向昱 副主编

东北财经大学出版社 大连

Dongbei University of Finance & Economics Press

图书在版编目（CIP）数据

统计学原理标准化题型习题集 / 栗方忠主编. —7版. —大连：东北财经大学出版社，2020.3

（21世纪高职高专财经类专业核心课程教材）

ISBN 978-7-5654-3798-4

Ⅰ.统… Ⅱ.栗… Ⅲ.统计学-高等职业教育-习题集 Ⅳ.C8-44

中国版本图书馆CIP数据核字（2020）第018504号

东北财经大学出版社出版

（大连市黑石礁尖山街217号 邮政编码 116025）

网 址：http：//www.dufep.cn

读者信箱：dufep@dufe.edu.cn

大连东泰彩印技术开发有限公司印刷 东北财经大学出版社发行

幅面尺寸：185mm×260mm 字数：226千字 印张：11.25

2020年3月第7版 2020年3月第1次印刷

责任编辑：张晓鹏 曲以欢 责任校对：京 玮

封面设计：张智波 版式设计：钟福建

定价：25.00元

教学支持 售后服务 联系电话：（0411）84710309

如有印装质量问题，请联系营销部：（0411）84710711

第七版前言

本书是根据《统计学原理》（第七版）的教学需要而编写的，遵循基本理论知识“必需、够用”的原则，充分注意实用性和针对性的要求，目的是帮助学生更好地学习和掌握“统计学原理”课程的主要内容，并为教师教学提供一定的方便条件。

本书的编写在以《统计学原理》（第七版）为基本依据的前提下，尽可能充分地考虑广大学生的新要求和教师教学的新需要；同时，参考了其他同类教材的有益内容。本书按教材章目体例排列，每章均包括学习目的和要求，重点、难点问题解析，练习题和参考答案等部分。标准化题型有判断题、单项选择题、多项选择题、填空题、简答或简述题和计算题六种类型。本书在编写上力求做到重点突出、题型标准、形式新颖，具有典型性和实用性。参考答案简明扼要，具有启发性。

为方便教师设计和编制标准化试题、试卷，本书附有“关于标准化考试命题试卷设计问题的说明”及“统计学原理模拟试卷（一）、（二）”供读者参考，其参考答案请登录东北财经大学出版社网站（www.dufep.cn）查阅。

本书由东北财经大学栗方忠教授任主编，屈超、李连友和满向昱任副主编。参加本书编写、修订和审阅的有：东北财经大学的邢莉，江西财经大学的莫恒，中南财经政法大学的邹顺华，中央财经大学的李连友、满向昱，大连理工大学的张鸿钧等教授或副教授。此外，程博为本书的出版提供了相关的资料和信息。

本书在编写过程中得到了财政部、国家统计局、东北财经大学出版社有关领导及编辑的支持和热情帮助，在此谨表示衷心的感谢。

由于时间仓促、水平所限，本书不足之处在所难免，敬请读者指正。

编　者

2020年1月

目 录

第一章　总　论

【学习目的和要求】

学习本章的目的是从整体上明确统计学的一般问题。通过本章学习，要了解“统计”的含义，统计研究对象、特点和作用；掌握统计活动的基本方法、过程、任务和组织；深刻理解统计学中的几个基本概念，从而对本书有整体印象。

【重点、难点问题解析】

本章所阐述的统计学的基础理论和基本概念是对全书内容的概括，学习了解本章内容对掌握以后各章内容非常重要。

学习本章应抓住以下几个重点问题：

1.统计的三个含义及其之间的关系。统计的三个含义是：统计工作（活动）、统计资料和统计科学。统计工作（活动），即统计实践活动，是基础，统计工作的成果是统计资料，统计资料是统计实践活动的产物。统计科学是对统计实践经验的理论概括和科学总结，它来源于统计实践，又高于统计实践，反过来又指导统计实践。

2.统计研究的对象和特点。统计研究对象是大量社会经济现象总体的数量方面，其根本特征是在质与量的辩证统一中研究大量社会经济现象的数量方面，反映社会经济现象发展变化的规律性在具体时间、地点和条件下的数量表现，揭示事物的本质、相互间的联系、变动规律性和发展趋势。统计研究对象的特点是：数量性、总体性、具体性和社会性。

3.统计的作用。统计在社会认识活动中有着极为重要的作用。统计是认识社会的一种有力武器；统计是制订计划，实行宏观调控的基础；统计是制定政策的依据；统计是经济管理的手段；统计是认识世界，开展国际交流和科学研究的工具。

4.统计研究的理论基础、基本方法与工作过程。统计研究的理论基础是哲学、经济学、毛泽东思想、邓小平理论。统计科学中所阐明和运用的数学方法，以数学为数理依据。

统计研究的基本方法是：大量观察法、分组法、综合指标法及其他相关的方法。

统计研究的工作过程是：统计设计、统计调查、统计整理和统计分析。

5.我国统计的任务和组织。统计的作用是通过统计任务的完成来发挥的，统计任务又是通过一定的管理体制和组织实现的。我国《统计法》规定："统计的基本任务是对经济社会发展情况进行统计调查、统计分析，提供统计资料和统计咨询意见，实行统计监督。"

我国《统计法》规定："国家建立集中统一的统计系统，实行统一领导、分级负责的统计管理体制。"

6.统计学的几个基本概念。这既是本章的重点，又是本章的难点。由于这些概念比较抽象，比较难以理解，学习时，要紧密联系实际，要比较、对照、具体、形象地学习、理解和掌握。

统计总体与总体单位。统计总体是根据一定目的确定的所要研究事物的全体，它是客观存在，并在某一相同性质基础上结合起来的许多个别事物组成的整体，简称总体。构成统计总体的每个独立的个别事物称为总体单位，简称单位或个体。总体可以分为有限总体和无限总体、静态总体和动态总体。

标志与指标。标志是说明总体单位特征的名称。指标（指统计指标）是说明现象总体量的特征的概念或范畴，以及通过统计实践活动可得到的具体数值的总称。

变异、变量和变量值。可变标志在总体单位具体表现上的差别就是变异，包括质（性质、属性）的变异和量（数值）的变异。一般来说，可变的数量标志就是变量。变量的数值表现就是变量值。按变量值是否连续，变量可分为连续变量和离散变量两种。

【练习题】

（一）判断题

1.列宁指出：社会经济统计是"认识社会的最有力的武器之一"。（　　）

2.标志和指标是两个根本不同的概念，两者没有任何联系。（　　）

3.我国《统计法》规定："国家建立集中统一的统计系统，实行统一领导、分级负责的统计管理体制。"（　　）

4.政治算术学派的主要代表人物是威廉·配第和约翰·格朗特。（　　）

（二）单项选择题

1."统计"一词的基本含义是（　　）。

①统计调查、统计整理、统计分析

②统计设计、统计分组、统计计算

③统计方法、统计分析、统计预测

④统计科学、统计工作、统计资料

2.调查某大学5 000名学生学习成绩，则总体单位是（　　）。

①5 000名学生　　②5 000名学生的学习成绩

③每一名学生　　④每一名学生的学习成绩

3.就一次统计活动来讲，一个完整的过程包括的阶段有（　　）。

①统计调查、统计整理、统计分析、统计决策

②统计调查、统计整理、统计分析、统计预测

③统计设计、统计调查、统计审核、统计分析

④统计设计、统计调查、统计整理、统计分析

4.统计学的基本方法包括（　　）。

①调查方法、整理方法、分析方法

②调查方法、汇总方法、预测方法

③相对数法、平均数法、指数法

④大量观察法、分组法、综合指标法

5.要了解某市国有工业企业生产设备情况，则统计总体是（　　）。

①该市国有的全部工业企业　　②该市国有的每一个工业企业

③该市国有工业企业的某一台设备　　④该市国有工业企业的全部生产设备

6.变量是（　　）。

①可变的质量指标　　②可变的数量指标和标志

③可变的品质标志　　④可变的数量标志

7.构成统计总体的个别事物称为（　　）。

①调查单位　　②总体单位

③调查对象　　④填报单位

8.统计总体的基本特征是（　　）。

①同质性、大量性、差异性　　②数量性、大量性、差异性

③数量性、综合性、具体性　　④同质性、大量性、可比性

9.下列属于品质标志的是（　　）。

①工人年龄　　②工人性别

③工人体重　　④工人工资等级

10.标志是说明（　　）。

①总体单位特征的名称　　②总体单位量的特征的名称

③总体质的特征的名称　　④总体量的特征的名称

（三）多项选择题

1.统计总体的基本特征表现为（　　）。

①大量性　　②数量性　　③同质性

④差异性　　⑤客观性

2.变量按其是否连续可分为（　　）。

①确定性变量　　②随机性变量　　③连续变量

④离散变量　　⑤常数

3.品质标志表示事物的质的特征，数量标志表示事物的量的特征，所以（　　）。

①数量标志可以用数值表示　　②品质标志可以用数值表示

③数量标志不可以用数值表示　　　④品质标志不可以用数值表示
⑤两者都可以用数值表示

4.某企业是总体单位，数量标志有（　　）。
①所有制　　　②职工人数　　　③月平均工资
④年工资总额　　　⑤产品合格率

5.统计有着重要作用，统计是（　　）。
①认识社会的一种有力武器
②编制规划，制订计划，实行宏观调控的基础
③制定政策的依据
④实行管理的手段
⑤科学研究的工具

（四）填空题

1.统计学是一门独立的社会科学，它以哲学、________、________和________为理论基础。

2.统计的基本任务是对经济和社会发展情况进行统计调查、统计分析，提供统计资料和统计咨询意见，________。

3.标志是说明________特征的，而指标是说明________特征的。

4.统计总体有________总体和________总体之分。

5.可变标志在总体单位具体表现上的差别就是________。

6.变量就是可变的________，变量的数值表现就是________。

（五）简答或简述题

1.简述统计工作、统计资料和统计科学的关系。
2.统计研究的对象和特点是什么？
3.统计的基本任务是什么？
4.我国统计的管理体制是怎样的？

【参考答案】

（一）判断题

1.（√）　2.（×）　3.（√）　4.（√）

（二）单项选择题

1.④　2.③　3.④　4.④　5.④
6.④　7.②　8.①　9.②　10.①

（三）多项选择题

1.①③④　2.③④　3.①④　4.②③④⑤
5.①②③④⑤

（四）填空题

1.经济学　毛泽东思想　邓小平理论　2.实行统计监督

3.总体单位　现象总体量的　4.无限（或静态）　有限（或动态）

5.变异　6.数量标志　变量值

（五）简答或简述题

1.答：

统计工作、统计资料和统计科学有着密切联系。统计工作的成果是统计资料。统计科学是对统计实践经验的理论概括和科学总结，它来源于统计实践，又高于统计实践，指导统计实践。

2.答：

统计研究对象是大量社会经济现象总体的数量方面，其根本特征是在质与量的辩证统一中研究大量社会经济现象总体的数量方面，反映社会经济现象发展变化规律性在具体时间、地点和条件下的数量表现，揭示事物的本质、相互间的联系、变动规律性和发展趋势。其特点是：数量性、总体性、具体性和社会性。

3.答：

我国《统计法》规定："统计的基本任务是对经济社会发展情况进行统计调查、统计分析，提供统计资料和统计咨询意见，实行统计监督。"

4.答：

我国《统计法》规定："国家建立集中统一的统计系统，实行统一领导、分级负责的统计管理体制。"

第二章　统计设计和统计调查

【学习目的和要求】

通过本章学习，要认识统计设计、统计调查的意义；明确统计设计、统计调查的一些基本概念；了解统计设计、统计调查的基本类别；理解统计指标和指标体系的设计原则；掌握统计调查方案、调查问卷、统计表和统计图的设计；掌握统计调查方法及各种调查方法的结合运用。

【重点、难点问题解析】

本章包括统计设计和统计调查两部分。在整个统计工作过程中，统计设计是统计工作的第一个阶段，可谓准备阶段。统计调查是统计工作的第二个阶段，就占有资料而言，此阶段可谓基础阶段。统计设计和统计调查在统计工作中占有重要地位。本章所阐述的主要是统计设计和统计调查的基础知识、理论与方法。学习掌握本章内容要抓住以下几个重点问题：

1.统计设计的概念、意义和种类。统计设计是根据统计研究对象的性质和研究目的，对统计工作各个方面和各个环节进行通盘考虑和安排，制订各种设计方案的过程。只有通过统计设计，才能保证统计工作协调、统一、顺利地进行，避免统计标准不统一；只有通过统计设计，才能按需要与可能分清主次，采用各种统计方法，避免重复和遗漏，使统计工作有秩序地进行。从不同角度来考察，统计设计有各种分类方法：按统计设计所包括的研究对象的范围不同，统计设计可分为整体设计和专项设计两类，整体设计是主要的，专项设计从属于整体设计；按统计设计所包括的工作阶段不同，统计设计可分为全过程设计和单阶段设计两类，全过程设计是主要的，单阶段设计是在全过程设计的基础上进行的；按统计设计包括的时期不同，统计设计可分为长期设计、中期设计和短期设计。

2.统计设计的内容。统计设计所涉及的方面非常广泛，包括整个统计工作过程的全部内容，各种统计设计的内容不尽相同，一般而言，统计设计的内容主要有以下几方面：

（1）明确规定统计研究的目的和任务；

（2）确定统计指标和统计指标体系；

（3）确定统计分类和分组；

（4）研究设计统计表和统计图；

（5）决定统计分析研究的内容；

（6）制订统计调查方案，设计调查问卷；

（7）制订统计整理方案；

（8）规定各个阶段的工作进度和时间安排；

（9）考虑各部门和各阶段的配合与协调；

（10）统计力量的组织与安排。

3.统计指标的概念、特点和种类。统计指标在统计理论与实践中一般有两种理解：一种是指反映一定社会经济现象总体的某种数量特征的概念；另一种是指反映总体现象的数量特征及其具体数值。从理论与实践的关系的角度来说，这两种理解都是正确的。统计指标具有数量性、综合性和具体性的特点。

对统计指标从不同角度进行分类有以下几个类别：

（1）按表现形式不同，统计指标可分为总量指标、相对指标和平均指标三种；

（2）按说明的总体现象的内容不同，统计指标可分为数量指标和质量指标两种；

（3）按反映事物的性质不同，统计指标可分为实体指标和行为指标两种；

（4）按数据取值依据不同，统计指标可分为客观指标和主观指标两种；

（5）按在管理工作中的作用不同，统计指标可分为考核指标和非考核指标两种。

4.统计指标体系的概念、种类和设置原则。统计指标体系是一系列相互联系、相互制约的统计指标组成的整体。统计指标体系具有成套性和适用性的特点。统计指标体系按其作用不同可分为由反映社会经济基本情况的主要指标所构成的基本指标体系和由反映某方面专门问题的主要指标所构成的专题指标体系。统计指标体系按其反映内容的范围不同可分为反映全国范围的宏观指标体系与反映基层单位运行和经营状况的微观指标体系。统计指标体系按其内容不同可分为国家经济指标体系、社会指标体系和科技指标体系。

设置统计指标体系是一项科学性很强的复杂工作。设置时要通盘考虑设置的指标，其名称、含义、内容，计算时间、空间，计算方法和计量单位等等。设计时必须遵守科学性原则、目的性原则、联系性原则、统一性原则和可比性原则。

5.统计表和统计图的种类与设计要求。通常说统计图表，包括统计表和统计图。统计表是以表格来表现统计资料的一种形式。其优点是能使统计资料的排列条理化、系统化、标准化，一目了然；能科学地、合理地组织统计资料，便于阅读、对照比较和分析。从形式上看，统计表主要由总标题、横行标题、纵栏标题和指标数值四部分构成。从内容上看，统计表由主体栏和叙述栏两部分构成。统计表按用途分为调查表、汇总表和分析表；按统计数列性质分为空间数列表、时间数列表和时空数列结合表；按分组情况分为简单表、简单分组表和复合分组表。设计统计表应遵循科学、实用、简明、美观的原则。

统计图是指用几何线、形、事物的形象和地图等形式，表现事物的数量方面，显现其规模、水平、构成、相互关系、发展变化的趋势和分布状况的图形。简言之，统计图是依据统计数字绘制的表现统计资料的图形。一幅完整的统计图包括：图序号和图题、图目、图线、图尺、图形、图注等部分。其特点是简明具体、形象生动、通俗易懂、一目了然，给人以明确而深刻的印象，具有较强的说服力。统计图的种类有很多，按不同的目的和标志分类有百余种。常用的统计图形有散点图、曲线图、条形图、直方图、饼形图、象形图和统计地图等形式。

6.统计调查及其种类。统计调查是根据统计研究的目的、要求和任务，运用各种科学的调查方法，有计划、有组织地搜集有关现象的各个单位的资料，对客观事实进行登记，取得真实可靠的调查资料的活动过程。统计调查是获得丰富的、真实的资料的基本环节，是统计工作的基础。统计调查必须做到真实、准确、完整、及时。统计调查按调查对象包括的范围不同可分为全面调查和非全面调查；按调查登记时间是否有连续性可分为经常性调查和一次性调查；按搜集资料的方法不同可分为直接观察法、访问调查法、报告报表法、问卷调查法、卫星遥感法和互联网调查法。

本章特别重要的问题是统计调查方案和调查问卷的设计。它是保证统计调查顺利进行的前提，也是真实、准确、完整、及时地取得调查资料的重要条件。一般来说，一份完整的调查方案包括以下基本内容：

（1）确定调查目的和任务；

（2）确定调查对象和调查单位；

（3）确定调查项目，设计调查表格式；

（4）确定调查的时间、空间和方法；

（5）制订调查工作的组织实施计划。

本章的难点是统计调查的组织方式、方法。我们要认真学习、掌握各种组织方式、方法。

首先，要理解普查的意义和重要性。普查是根据统计任务的特定目的而专门组织的一次性全面调查。普查在我国整个统计调查体系中处于基础地位。

其次，要了解抽样调查、统计报表、重点调查、典型调查和其他调查方法的意义。

最后，要掌握各种调查方法的区别和结合运用。

目前，我国统计调查体系是以周期性普查为基础，以经常性抽样调查为主体，综合运用重点调查等方法，并充分利用行政记录等资料，搜集、整理统计资料。

【练习题】

（一）判断题

1.统计设计作为一个独立阶段，是由社会经济发展和统计研究的进步所决

定的。（　　）

2.按所包括的工作阶段，统计设计可分为整体设计和专项设计两种。（　　）

3.统计指标按其表现形式不同，可分为数量指标和质量指标两种。（　　）

4.统计指标按其说明总体现象的内容不同，可分为考核指标和非考核指标。（　　）

5.统计指标按其反映事物的性质不同，可分为实体指标和行为指标。（　　）

6.统计指标按其数据取值依据不同，可分为客观指标和主观指标。（　　）

7.从形式上看，统计表主要由总标题、横行标题、纵栏标题和指标数值四部分构成。（　　）

8.统计表设计的一般原则和要求是科学、实用、简明、美观。（　　）

9.调查单位与报告单位是一致的。（　　）

10.调查时间专指调查工作进行的时间。（　　）

11.典型调查的误差可以控制。（　　）

（二）单项选择题

1.统计指标的特点是（　　）。

①数量性、综合性、具体性　　②准确性、及时性、全面性

③大量性、同质性、差异性　　④科学性、客观性、社会性

2.统计指标体系是（　　）。

①若干个独立的统计指标组成的相互依存的整体

②若干个相互联系、相互制约的统计指标组成的整体

③一系列相互依存的统计指标组成的整体

④一系列互为因果关系的统计指标组成的整体

3.总量指标一般表现为（　　）。

①平均数　　②相对数

③绝对数　　④指数

4.统计设计按所包括的研究对象的范围，可分为（　　）。

①多项设计和单项设计　　②多项设计和专项设计

③整体设计和单项设计　　④整体设计和专项设计

5.按统计指标在管理工作中的作用不同，可分为（　　）。

①质量指标和数量指标　　②考核指标和非考核指标

③计划指标和实际指标　　④总量指标和平均指标

6.按统计设计所包括的工作阶段，可分为（　　）。

①多阶段设计和单阶段设计　　②长期设计和短期设计

③全过程设计和单阶段设计　　④整体设计和专项设计

7.设计统计指标体系时联系性原则是指（　　）。

①综合考虑管理上的要求和研究目的

②从整体上全面考虑各指标之间的联系

③综合考虑总体内部与外部的联系

④从认识对象本身考虑各运动过程的联系

8.说明统计表名称的词句，在统计表中称为（ ）。

①横行标题 ②纵栏标题

③总标题 ④主体栏

9.统计表的纵栏标题是用来表明（ ）。

①统计表的名称的 ②各组的名称的

③统计指标的名称的 ④统计总体的名称的

10.统计表中的横行标题表明统计资料所反映的总体及其分组的名称，一般写在统计表的（ ）。

①上方 ②下方 ③左方 ④右方

11.统计表的叙述栏是说明（ ）。

①主体栏的各种统计指标的 ②分组名称的

③统计总体的 ④总体单位的

12.在编制、填列统计表时，若某项统计数据免填，其符号为（ ）。

①× ②… ③/ ④—

13.工业企业生产设备普查中，工业企业的每一台生产设备是（ ）。

①调查对象 ②调查单位

③调查项目 ④填报单位

14.统计调查中的调查项目是（ ）。

①统计分组 ②统计标志

③统计指标 ④统计数值

15.调查单位就是（ ）。

①负责向上报告调查内容的单位 ②调查对象的全部单位

③某项调查中登记其具体特征的单位 ④城乡基层企事业单位

16.统计调查的调查时间主要是指（ ）。

①调查资料所属的时间 ②调查工作的整个时限（期限）

③对调查单位的标志进行登记的时间 ④以上三个方面的时间概念的总称

17.对某市占成交额比重大的7个大型集市贸易市场的成交额进行调查，这种调查的组织方式是（ ）。

①普查 ②抽样调查

③重点调查 ④典型调查

18.要了解我国农村经济的具体情况，最适合的调查方式是（ ）。

①普查 ②典型调查

③重点调查 ④抽样调查

19.抽样调查与典型调查的主要区别是（ ）。

①灵活机动的程度不同 ②涉及的调查范围不同

③对所研究总体推算方法不同　　④确定所要调查的单位方法不同

20.对无限总体进行调查的最有效、最可行的方式通常为（　　）。

①抽样调查　　②全面调查

③重点调查　　④典型调查

（三）多项选择题

1.统计指标和指标体系设计时应遵循的原则是（　　）。

①目的性原则　　②科学性原则　　③联系性原则

④可比性原则　　⑤统一性原则

2.统计设计的一般内容是（　　）。

①明确规定统计研究的目的和任务

②确定统计指标体系，分类分组，设计统计表

③决定分析研究内容，制订调查、整理方案

④规定各工作阶段进度和各部门协调配合

⑤研究确定统计力量的组织与安排

3.统计指标的主要特点是（　　）。

①数量性　　②复杂性　　③综合性

④具体性　　⑤差异性

4.在统计理论研究和统计设计时，只能研究设计统计指标的（　　）。

①名称　　②内容　　③口径

④计算单位　　⑤计算方法

5.整体设计与专项设计相比较，（　　）。

①整体设计是次要的从属的　　②整体设计是主要的

③专项设计从属于整体设计　　④专项设计在整体设计的基础上进行

⑤总体范围、分类等都以专项设计为准

6.全过程设计和单阶段设计比较，（　　）。

①两者各有分工、各有侧重

②全过程设计偏重于安排各阶段的联系

③单阶段设计则要细致地安排工作进度和方法

④全过程设计是主要的

⑤单阶段设计是主要的

7.下列属于质量指标的有（　　）。

①人口密度　　②职工平均工资　　③每公顷粮食产量

④职工工资总额　　⑤商品销售额

8.从形式上看，统计表的主要组成部分是（　　）。

①总标题　　②填表日期　　③横行标题

④指标数值　　⑤纵栏标题

9.统计表按用途分类，可以分为（　　）。

①调查表　②简单分组表　③汇总表
④复合分组表　⑤分析表

10.统计表按分组情况分类，可以分为（　）。
①汇总表　②简单分组表　③简单表
④时空数列表　⑤复合分组表

11.设计统计表的一般原则是（　）。
①科学　②实用　③集中
④简明　⑤美观

12.为了解生产经营状况，进行工业企业普查，则每个工业企业是（　）。
①调整对象　②调查单位　③填报单位
④统计总体　⑤综合单位

13.统计中，调查对象是指（　）。
①调查登记的那些单位的总体
②应搜集某种资料的那些单位的总体
③进行调查研究的那些社会现象的总体
④统计标志承担者的全体
⑤负责向上级汇报统计资料的全体

14.目前我国统计调查种类按组织方式分主要有（　）。
①经常性调查　②统计报表　③专门调查
④全面调查　⑤非全面调查

15.我国现行统计报表制度的内容主要包括（　）。
①实施范围　②表式　③报表目录
④填表说明　⑤分类目录

16.普查一般属于（　）。
①全面调查　②非全面调查　③经常性调查
④一次性调查　⑤专门组织的调查

17.我国第六次人口普查规定的标准时间是2010年11月1日零时，下列情况不应计算人口数的有（　）。
①2010年11月2日出生的婴儿
②2010年10月29日21时出生，11月1日8时死亡的婴儿
③2010年10月29日23时死亡的人
④2010年10月29日8时出生，20时死亡的婴儿
⑤2010年11月1日1时死亡的人

18.典型调查的主要特点是（　）。
①调查单位是根据调查目的有意识选择出来的少数具有代表性的单位
②调查结果具有代表性
③调查单位少，具有一定的代表性

④调查方法机动灵活，省时省力

⑤可以推断总体

19 产生登记误差的主要原因是（　　）。

①计量误差　　②记录误差　　③计算误差

④抄录误差　　⑤抽样误差

20 全面统计报表是一种（　　）。

①全面调查　　②经常性调查

③一次性调查　　④快速调查

⑤按报告法搜集资料的方法

（四）填空题

1.统计指标按其说明的总体现象的内容不同，可以分为________。

2.统计指标按其表现形式分为总量指标、________和________。

3.统计指标体系是由一系列________、________的统计指标所组成的整体。

4.统计表是表现________最常用的一种形式。

5.________列在统计表的各横行标题和各纵栏标题的交叉处。

6.汇总表（整理表）可以综合说明统计总体的________，是提供资料的基本形式。

7.简单表是统计总体________的一种统计表。

8.在编制统计表时，若某项指标数据不详，用________表示。

9.从认识论角度，统计调查属于________，是整个统计工作的基础。

10.统计调查资料的________是保证统计资料质量的首要环节，也是统计工作的生命线。

11.调查问卷是调查者根据调查目的和要求所设计的由一系列________、备选答案、________，以及代码表组成的一种调查形式。

12.按研究现象不断变化，而连续不断地进行登记或观察，以反映事物在一定时期内的全部发展过程的调查，称为________。

13.调查人员亲临现场对调查单位的项目直接进行清点或计量的方法称为________。

14.编制统计报表首先要遵循________原则。

15.根据统计的特定任务，而专门组织的一次性全面调查称为________。

16.统计调查结果所得的统计数字与调查总体实际数量的差别称为________。

17.________是保证统计调查顺利进行的前提，也是真实、准确、完整、及时取得调查资料的重要条件。

18.调查表是调查方案的核心部分，它是容纳________、搜集原始资料的基本工具。

19.重点调查的特征在于调查对象中的重点单位的标志值之和占总体全部单位该________的绝大部分（比重）。

（五）简答或简述题

1.什么是统计设计？
2.统计设计的内容包括哪几个方面？
3.什么是统计指标体系？
4.统计指标体系的设计原则是什么？
5.统计表是什么？其构成要素有哪些？统计表有哪几种？
6.简述统计表设计的一般原则和要求。
7.统计图是什么？有何特点？
8.一份完整的统计调查方案应包括哪些方面的内容？
9.何谓调查项目？拟定调查项目时，应注意什么问题？
10.什么是调查误差？产生调查误差的原因有哪些？
11.什么是统计报表？简述统计报表的地位。
12.为了保证普查资料的质量，在进行普查时，应遵循哪些原则？
13.重点调查中的重点单位的含义是什么？重点调查有什么优点？
14.简述典型调查的特点和作用。

【参考答案】

（一）判断题

1.（√）	2.（×）	3.（×）	4.（×）	5.（√）
6.（√）	7.（√）	8.（√）	9.（×）	10.（×）
11.（×）				

（二）单项选择题

1.①	2.②	3.③	4.④	5.②
6.③	7.②	8.③	9.③	10.③
11.①	12.①	13.②	14.②	15.③
16.④	17.③	18.②	19.④	20.①

（三）多项选择题

1.①②③④⑤	2.①②③④⑤	3.①③④	4.①②③④⑤
5.②③④	6.①②③④	7.①②③	8.①③④⑤
9.①③⑤	10.②③⑤	11.①②④⑤	12.②③
13.①②③④	14.②③	15.①②③④⑤	16.①④⑤
17.①③④	18.①②③④	19.①②③④	20.①②⑤

（四）填空题

1.数量指标和质量指标	2.相对指标　平均指标
3.相互联系　相互制约	4.统计资料
5.指标数值	6.数量特征

7.未经任何分组
8.空格
9.感性认识
10.真实性和准确性
11.问题 说明
12.经常性调查
13.直接观察法
14.适用与精简
15.普查
16.调查误差
17.调查方案
18.调查项目
19.标志总量

（五）简答或简述题

1.答：

统计设计是根据统计研究对象的性质和研究目的，对统计工作各个方面和各个环节进行通盘考虑和安排，制订各种设计方案的过程。

2.答：

统计设计的内容主要有以下几方面：

（1）明确规定统计研究的目的和任务；

（2）确定统计指标和统计指标体系；

（3）确定统计分类和分组；

（4）研究设计统计表和统计图；

（5）决定统计分析研究的内容；

（6）制订统计调查方案，设计调查问卷；

（7）制订统计整理方案；

（8）规定各个阶段的工作进度和时间安排；

（9）考虑各部门和各阶段的配合与协调；

（10）统计力量的组织与安排。

3.答：

统计指标体系是由一系列相互联系、相互制约的统计指标所组成的整体。

4.答：

设计统计指标体系必须遵循以下原则：

（1）科学性原则；

（2）目的性原则；

（3）联系性原则；

（4）统一性原则；

（5）可比性原则。

5.答：

统计表是以表格来表现统计资料的一种形式。

统计表，从形式上看，由总标题、横行标题、纵栏标题和指标数值四部分构成。从内容上看，由主体栏和叙述栏两部分组成。

统计表按用途分为调查表、汇总表和分析表三种；按统计数列性质分为空间数列表、时间数列表和时空数列结合表三种；按分组情况分为简单表、简单分组表和复合分组表三种。

6.答：

设计统计表时，一般应遵循科学、实用、简明、美观的原则。具体要求是：

（1）总标题和纵横标题能准确、简明扼要地反映统计资料的内容；

（2）纵、横栏的排列内容要对应，尽量反映它们的逻辑关系；

（3）根据统计表的内容，全面考虑布局，避免过长、过宽，大小适度，比例恰当、醒目美观；

（4）统计表中的数值必须标明单位；

（5）统计表中的纵、横线要清晰，顶线和底线要粗些；

（6）当统计表的栏数较多时，要统一编序号。

7.答：

统计图是指用几何线、形、事物的形象和地图等形式，表现事物的数量方面，显现其规模、水平、构成、相互关系、发展变化的趋势和分布状况的图形。其特点是：简明具体、形象生动、通俗易懂、一目了然，给人以明确而深刻的印象，具有较强的说服力。

8.答：

一份完整的调查方案的基本内容包括：

（1）确定调查目的和任务；

（2）确定调查对象和调查单位；

（3）确定调查项目，设计调查表格式；

（4）确定调查的时间、空间和方法；

（5）制订调查工作的组织实施计划。

9.答：

调查项目就是调查中所要登记的调查单位的特征，即统计标志。拟定调查项目要注意：①调查项目只应列出切实满足调查目的所必需而又可能得到答案的内容；②调查项目的含义必须明确、具体；③调查项目之间尽可能彼此联系和衔接。

10.答：

调查误差，就是调查结果所得的统计数字与调查总体实际数量的差别。调查误差包括登记误差和代表性误差。调查者在计量、记录、计算、抄录或汇总时可能产生差错，或被调查者所报不实，以及调查方案的规定不明确等都可能造成登记性误差。在抽样调查中，如果样本单位的分布结构不足以代表总体的分布特征，就会产生代表性误差。

11.答：

统计报表是以一定的原始记录为依据，按照统一的表式、调查项目，统一的报送时间、报送程序，提供基本统计资料的一种调查方式。统计报表所包括的范围比较全面，项目比较系统，分组比较齐全，指标的内容和调查周期相对稳定。因此，它是我国统计调查中取得统计资料的一种常用调查方式。

12.答：

为了保证普查资料质量，组织普查时，必须遵循以下几项原则：

（1）要确定一个统一的调查时点（标准时间），使所有调查资料都必须反映这一时点上的状况；标准时间的选择，要根据研究对象性质和实际条件来决定。

（2）在普查范围内的各调查单位或调查点要同时行动，在方法、步调上保持一致，要力求在最短的期限内完成，以保证调查材料的时效性，并避免发生重复和遗漏。

（3）普查项目要有统一的规定，不能任意改变或增减，以免影响汇总和综合，降低资料质量。性质相同的普查，其各个时期的普查项目也应尽可能保持相同，便于对比分析。

（4）根据普查的任务，选择最适当的普查时间。普查时间的间隔，应尽可能保持一定的周期，以便进行动态分析，观察现象的发展变化情况及其规律性。

13.答：

重点调查中的重点单位是从现象数量方面考虑的，即这些单位的标志值之和占总体全部单位该标志总量的绝大部分。重点调查由于调查单位少，因此比全面调查省时、省力，能用较少的代价及时地搜集到总体的基本情况。

14.答：

典型调查的调查单位是根据调查目的有意识地选择出来的，且选择的单位具有代表性或典型意义；典型调查是一种深入、细致的调查研究，所以通过典型调查既可以搜集有关数字资料，又可以掌握具体、生动的情况，探索事物发展的过程或规律。典型调查可以用以研究新生事物；典型调查可以补充全面调查的不足；此外，在一定条件下，可以用典型调查的资料，估计总体指标数值。

第三章 统计整理

【学习目的和要求】

通过本章学习，要明确统计整理的意义；了解统计分组的作用；理解并掌握统计分组的基本方法；初步掌握手工汇总和计算机汇总技术，能够运用这两种汇总技术整理原始资料，并将整理结果恰当地显示出来。

【重点、难点问题解析】

本章有两个重点：一是统计分组方法，二是统计汇总技术。

（一）统计分组方法

1.深刻理解统计分组的含义和作用。统计分组有“分”和“合”两层意思：将统计总体按照某个标志划分为若干个性质不同的组成部分即是“分”的过程；把具有某种相同性质的总体单位归在同一组内又是一个“合”的过程。例如，按性别可以将全校学生划分为“男性”和“女性”两个性质不同的组别，但同一组内学生的性别却是相同的。统计分组具有区分现象的质的差别、反映现象总体的内部结构和分析现象之间的依存关系等三个主要作用。

2.掌握如何选择分组标志。总体单位的标志有很多，要从中选择出恰当的标志进行分组，必须从三个方面考虑：（1）根据研究的目的选择分组标志；（2）选择最能反映事物本质特征的标志进行分组；（3）结合现象发展的历史条件和经济条件选择分组标志。

3.学会统计分组的方法。统计总体可以按品质标志分组，也可以按数量标志分组；可以进行简单分组，也可以进行复合分组。按品质标志分组能明确地反映现象性质上的区别，却不易区分事物数量上的差异；按数量标志分组，现象在数量上的差异表现得比较明显，而在性质上的区别却不显著。采用复合分组能更深入地反映总体的内部结构，更细致地分析问题。但是，随着分组标志的增加，组数将成倍地增加，因此也不宜采用过多的标志进行复合分组。实际中是选择品质标志分组还是数量标志分组，究竟采用几个标志进行复合分组，需要根据统计研究的目的和任务来决定。例如，按数量标志分组时应根据研究的目的，首先确定总体在已选定的数量标志的特征下有多少种性质不同的组成部分，然后研究确定各组成部分的数量界限，使分组的数量界限能够区分现象性质上的差别。

4.学会编制次数分布数列。次数分布数列直观地表明了总体单位的分布特征和结构状况，在此基础上还可以进一步研究标志的构成、平均水平及其变动规律，是统计整理的重要表现形式，在统计研究中具有十分重要的意义。次数分布数列有品质数列和变量数列两种，变量数列分单项变量数列和组距变量数列，组距变量数列又分为等距数列和异距数列。在变量值不多、变量值的变动范围不大且变量呈离散型条件下可以编制单项变量数列；当变量值较多，且变量值的变动范围比较大时，应当采用组距变量数列。编制组距变量数列时，采用等距数列还是异距数列，要根据研究目的和现象的特点来决定。等距数列能清楚地反映总体的分布特征，而异距数列则能比较准确地反映总体内部各组成部分的性质差异。

划分各组界限是统计分组的一个关键问题。在确定组限和组限的表示方法时，应使最小组的下限略低于最小变量值，最大组的上限略高于最大变量值，并且有利于表现总体单位分布的规律性。

（二）统计汇总技术

明确手工汇总的目的和原理，熟知手工汇总的步骤和技术，能够独立地处理数据，并熟练地将结果制成统计表或统计图。

熟练掌握统计分组方法和统计汇总技术并非一日之功。读者只有在深刻理解统计分组和统计汇总的基本理论的基础上多看、多练，方能运用自如。

【练习题】

（一）判断题

1.离散型变量既可以编制单项变量数列，也可以编制组距变量数列；连续型变量只能编制组距变量数列，且相邻组的组限必须重叠。（　　）

2.变量数列中缺上限的最大组的组中值计算公式为：缺上限的最大组的组中值=下限+变量数列的组距÷2。（　　）

3.次数分布的主要类型有钟形分布、U形分布和J形分布三种。（　　）

4.统计学中的“结构”是指总体单位之间的关系。（　　）

5.按品质标志分组所形成的次数分布数列叫品质分布数列。（　　）

6.按数量标志分组所形成的次数分布数列叫变量分布数列。（　　）

7.按品质标志分组所形成的数列就是变量数列。（　　）

8.通过统计分组，使同一组内的各单位性质相同，不同组的单位性质相异。（　　）

9.统计分组的关键在于确定组距和组数。（　　）

10.对原始资料的审核主要包括资料的真实性、准确性、完整性、及时性等几个方面的内容。（　　）

（二）单项选择题

1.统计分组的结果表现为（　　）。

①组内同质性，组间差异性　　②组内差异性，组间同质性

③组内同质性，组间同质性　　④组内差异性，组间差异性

2.下面属于按品质标志分组的有（　　）。

①企业按职工人数分组　　②企业按工业总产值分组

③企业按经济类型分组　　④企业按资金占用额分组

3.下面属于按数量标志分组的有（　　）。

①工人按政治面貌分组　　②工人按年龄分组

③工人按性质分组　　④工人按民族分组

4.变量数列中各组变量值在决定总体数量大小时所起的作用就其实质而言（　　）。

①与比重、频率或比率大小无关

②与次数或频数大小有关

③与比重、频率或比率大小有关

④与次数或频数大小有关，与比重、频率或比率大小无关

5.变量数列中各组频率（以百分数表示）的总和应该（　　）。

①大于100%　　②小于100%

③不等于100%　　④等于100%

6.组距变量数列的全距等于（　　）。

①最大组的上限与最小组的上限之差

②最大组的下限与最小组的下限之差

③最大组的下限与最小组的上限之差

④最大组的上限与最小组的下限之差

7.在编制等距数列时，如果全距等于56，组数为6，为统计运算方便，组距取（　　）。

①9.3　　②9　　③6　　④10

8.对于越高越好的现象按连续型变量分组，如第一组为75以下，第二组为75～85，第三组为85～95，第四组为95以上，则数据（　　）。

①85在第三组　　②75在第一组

③95在第三组　　④85在第二组

9.按连续型变量分组，其末组为开口组，下限为2 000。已知相邻组的组中值为1 750，则末组组中值为（　　）。

①2 500　　②2 250　　③2 100　　④2 200

10.工业企业按经济类型分组和资金利税率分组（　　）。

①都是按品质标志分组

②都是按数量标志分组

③前者按品质标志分组，后者按数量标志分组

④前者按数量标志分组，后者按品质标志分组

11.某小组5个学生的“统计学”考试成绩分别为80分、70分、62分、86分和76分，这5个数字是（　　）。

①标志　②标志值　③变量　④指标

（三）多项选择题

1.对统计调查所搜集的原始资料进行整理，是因为这些原始资料是（　　）。

①零碎的　②系统的　③分散的
④具体的　⑤概括的

2.统计整理的基本步骤是（　　）。

①确定整理的目的　②设计和编制整理方案
③对原始资料进行审核　④进行统计分组和汇总
⑤编制统计表，显示整理结果

3.统计分组的关键是（　　）。

①正确地计算组距和组中值　②正确地选择分组标志
③按数量标志分组　④运用统计体系分组
⑤正确划分各组界限

4.统计分组的主要作用在于（　　）。

①区分事物的本质　②反映总体的内部结构
③分析现象之间的相互依存关系　④说明总体单位的数量特征
⑤说明总体单位的质量特征

5.下列分组属于按品质标志分组的有（　　）。

①按工资分组　②按职业分组　③按产业分组
④按地区分组　⑤按人均收入分组

6.下列分组属于按数量标志分组的有（　　）。

①按工龄分组　②按性别分组　③按工种分组
④按人数分组　⑤按平均工资分组

7.构成次数分布数列的两要素是（　　）。

①各组名称或各组变量值　②组距
③各组单位数　④组数
⑤指标数值

8.次数分布数列能（　　）。

①表明社会现象的发展速度　②表明总体各单位的标志水平
③反映总体的构成情况　④反映总体的分布特征
⑤反映总体的分布状态

9.在组距数列中，影响各组次数分布的主要因素有（　　）。

①组数　②变量值的大小　③组限
④总体单位数的多少　⑤组距

10.对统计总体进行分组时，采用等距分组还是异距分组，取决于（　　）。

①现象的特点　　②变量值的多少　　③频数的大小
④统计研究的目的　　⑤组数的多少

11.对连续型变量编制次数分布数列（　　）。
①只能用组距数列　　②相邻组的组限必须重合
③组距可相等也可不相等　　④首尾两组一定得采用开口组限
⑤首尾两组一定得采用闭口组限

12.编制组距数列时，（　　）。
①最小组的下限应大于最小变量值　　②最小组的下限应略小于最小变量值
③最大组的上限应小于最大变量值　　④最大组的上限应大于最大变量值
⑤最小组的下限和最大组的上限应分别等于最小和最大变量值

13.统计资料汇总前审核的主要内容包括（　　）。
①资料的真实性　　②资料的广泛性　　③资料的准确性
④资料的及时性　　⑤资料的完整性

14.常用的手工汇总方法有（　　）。
①划记法　　②过录法　　③折叠法
④卡片法　　⑤制表法

15.次数分布数列根据分组标志特征的不同，可以分为（　　）。
①单项变量数列　　②组距变量数列　　③异距变量数列
④变量数列　　⑤品质数列

（四）填空题

1.________是统计工作的第三个阶段。在这一阶段，通过对原始资料进行科学的加工，可以得出反映事物________的资料。

2.统计整理在统计分析中起着________的作用，它既是统计调查的________，又是统计分析的________。

3.统计整理包括对________的加工和对________的再加工。

4.正确制订________是保证统计整理有计划、有组织地进行的第一步。

5.统计分组实质上是在统计总体内部进行的一种________。

6.对原始资料审核的重点是________。

7.区分现象________是统计分组的根本作用。

8.________是统计分组的依据，是划分组别的标准。

9.根据分组标志的特征不同，统计总体可以按________分组，也可以按________分组。

10.对所研究的总体按两个或两个以上的标志结合进行的分组，称为________。

11.次数分布数列根据分组标志特征的不同，可以分为________和________两种。

12.变量数列是________所形成的次数分布数列。

13.按品质标志分组形成的次数分布数列叫________。

14.组限是组距变量数列中表示________的变量值，其中下限是指________的变量值，上限是指________的变量值。

15.组距变量数列的组距大小与组数的多少成________，与全距的大小成________。

16.组距变量数列的________可以用次数分布曲线图表示。

17.划分连续型变量的组限时，相邻组的组限必须________；划分离散型变量的组限时，相邻组的组限应________。

18.统计汇总的审核包括________及________两个环节。

19.统计资料的整理方法主要有________和________两种。

20.钟形分布、________分布和________分布是次数分布的三种主要类型。

（五）简答或简述题

1.试述统计整理在统计研究中的重要性。

2.试述统计分组在统计整理中的重要性。

3.简述等距数列和异距数列的应用条件。

4.如何正确确定按数量标志分组的分组界限？

5.简述组距和组数的关系。如何正确地确定组距和组数？

（六）计算题

1.某单位122名职工8月份的基本工资资料如下：

单位：元

工号	工资额	工号	工资额	工号	工资额	工号	工资额	工号	工资额	工号	工资额
1	3 000.00	22	1 520.00	43	1 400.00	64	2 260.00	85	1 400.00	106	2 260.00
2	1 940.00	23	1 640.00	44	3 000.00	65	2 260.00	86	1 400.00	107	1 940.00
3	2 100.00	24	1 940.00	45	1 940.00	66	2 260.00	87	1 400.00	108	1 640.00
4	2 100.00	25	2 260.00	46	2 100.00	67	2 260.00	88	1 640.00	109	2 260.00
5	2 440.00	26	1 640.00	47	1 640.00	68	1 940.00	89	1 400.00	110	2 260.00
6	2 100.00	27	1 640.00	48	1 640.00	69	1 940.00	90	2 260.00	111	1 640.00
7	2 100.00	28	1 940.00	49	2 100.00	70	1 940.00	91	1 400.00	112	2 260.00
8	2 100.00	29	2 260.00	50	2 560.00	71	1 940.00	92	1 400.00	113	1 940.00
9	2 100.00	30	1 940.00	51	3 200.00	72	1 940.00	93	1 640.00	114	2 260.00
10	1 640.00	31	2 260.00	52	2 440.00	73	1 280.00	94	1 520.00	115	1 940.00
11	1 940.00	32	2 100.00	53	2 440.00	74	2 620.00	95	2 560.00	116	2 440.00
12	1 940.00	33	1 940.00	54	2 440.00	75	2 260.00	96	2 100.00	117	1 940.00

续表

工号	工资额	工号	工资额	工号	工资额	工号	工资额	工号	工资额	工号	工资额
13	1 940.00	34	2 620.00	55	1 940.00	76	1 640.00	97	1 640.00	118	1 940.00
14	1 640.00	35	1 940.00	56	2 620.00	77	1 780.00	98	3 000.00	119	1 940.00
15	1 640.00	36	1 940.00	57	2 440.00	78	1 640.00	99	2 620.00	120	2 620.00
16	1 640.00	37	1 780.00	58	2 260.00	79	1 940.00	100	1 780.00	121	1 780.00
17	1 050.00	38	2 260.00	59	2 260.00	80	1 940.00	101	2 260.00	122	1 520.00
18	970.00	39	1 520.00	60	1 640.00	81	1 640.00	102	1 780.00		
19	820.00	40	1 400.00	61	1 400.00	82	1 640.00	103	1 780.00		
20	760.00	41	1 520.00	62	1 940.00	83	1 640.00	104	1 520.00		
21	1 130.00	42	1 640.00	63	1 640.00	84	1 640.00	105	1 520.00		

要求：根据上述资料编制组距式变量数列，并计算出频率。

2.根据下表资料，绘制直方图和次数分布曲线图。

工人按生产定额完成程度分组（%）	人数（人）	比重（%）
80～90	3	3.75
90～100	15	18.75
100～110	36	45.00
110～120	20	25.00
120～130	6	7.50
合　计	80	100.00

3.某年某地区24个工业企业的资料如下表所示：

企业编号	经济类型	企业规模	职工人数（人）	全年营业收入（万元）
1	国有经济	中	3 200	3 500
2	国有经济	中	8 500	11 000
3	港澳台经济	中	2 400	2 200
4	私有经济	小	260	300
5	集体经济	小	800	740
6	私有经济	小	160	340

续表

企业编号	经济类型	企业规模	职工人数（人）	全年营业收入（万元）
7	私有经济	微	12	35
8	集体经济	微	11	30
9	集体经济	微	86	180
10	外商经济	中	500	30 000
11	集体经济	中	1 800	2 000
12	私有经济	小	400	350
13	私有经济	微	130	94
14	外商经济	中	900	2 100
15	港澳台经济	小	160	380
16	私有经济	小	80	300
17	国有经济	大	5 600	58 000
18	国有经济	大	4 700	46 700
19	私有经济	小	300	350
20	集体经济	小	280	300
21	私有经济	小	200	360
22	私有经济	微	28	170
23	集体经济	微	18	97
24	私有经济	微	10	340

要求：根据上述资料按经济类型和企业规模进行简单和复合分组，计算各组企业数、职工人数和全年营业收入，并编制统计表。

4.某班组20名工人看管机器的台数分别是6，4，5，4，3，4，4，4，3，2，4，4，2，3，4，5，3，5，4和3。试根据这些资料编制分布数列并计算各组的频率与累计频率。

5.某企业同工种的50名工人完成生产定额百分比（%）的原始资料如下：

98	102	115	110	109	99	122	107	113	88
118	125	101	91	104	109	111	93	106	103
106	119	97	108	92	117	126	103	115	105
113	108	110	93	105	119	106	113	107	114
92	109	102	95	116	107	97	103	86	105

根据以上资料编制变量数列并计算每组的频率和累计频率。

【参考答案】

（一）判断题

1.（√） 2.（√） 3.（√） 4.（√） 5.（√）
6.（√） 7.（×） 8.（√） 9.（×） 10.（√）

（二）单项选择题

1.① 2.③ 3.② 4.③ 5.④
6.④ 7.④ 8.① 9.② 10.③
11.②

（三）多项选择题

1.①③④ 2.②③④⑤ 3.②⑤ 4.①②③
5.②③④ 6.①④⑤ 7.①③ 8.③④⑤
9.①③⑤ 10.①④ 11.①②③ 12.②④
13.①③④⑤ 14.①②③④ 15.④⑤

（四）填空题

1.统计整理　总体特征
2.承前启后　继续和深入　基础和前提
3.原始资料　次级资料
4.统计整理方案
5.定性分类
6.资料的准确性
7.质的差别
8.分组标志
9.品质标志　数量标志
10.复合分组
11.品质（分布）数列　变量（分布）数列
12.按数量标志分组
13.品质（分布）数列
14.各组界限　较小　较大
15.反比　正比
16.次数分布的情况
17.重合　断开
18.汇总前的审核　汇总后的审核
19.手工整理法　机械整理法
20. U形　J形

（五）简答或简述题

1.答：

统计整理是统计工作的第三个阶段。经过统计调查所取得的统计资料，仅仅说明总体单位的具体情况，比较分散、零碎，也很不系统，不能深刻说明事物的本质。对这些资料进行加工整理，使之系统化、条理化、科学化，就可以得出反映事物总体特征的资料。统计整理实现了从个别单位的数量特征向总体的数量特征过渡，为统计分析提供了基础和前提。因此，它在统计工作中居于重要的地位。

2.答：

只有将大量的社会经济现象资料进行科学的分组，才能正确区分现象的不同性质和特征，反映事物内部各种矛盾和矛盾的诸方面，揭示现象的本质和规律，深化对总体的认识。统计分组是统计整理的关键，关系到统计工作的成效。

3.答：

采用等距数列还是异距数列，要根据研究的目的和现象的特点来决定。等距数列中的标志变量在各组保持相等的组距，能清楚地反映总体的分布特征。在标志值变化比较均匀、现象性质的差异是由数量变化逐渐积累起来时，适宜编制等距数列。异距数列中各组的组距并不都相等，能比较准确地反映总体内部各组成部分的性质差异，凡现象性质的差异不是以它的数量均匀变化为基础，而是急剧增长或下降时，应按事物变化的性质进行异距分组，编制异距数列。

4.答：

事物性质的区分也可以通过事物数量的差异来表现，其关键在于正确确定按数量标志分组的分组界限。为此，应当注意：

（1）要依据统计研究的目的，先确定在已选定的数量标志下，可以分为多少个性质不同的组，然后确定各组成部分的数量界限。

（2）确定分组界限时，要考虑在不影响统计分析准确性的前提下，组限应尽可能取整齐数值。

5.答：

组数和组距相互制约。组数越多，组距越小；组数越少，组距就越大。

在异距数列中，应当根据研究的目的和现象的特点来确定组距和组数。在等距数列中，既可以先依据研究目的和数据特点确定出组距 i（或组数 k），然后利用 k、i 和 R（全距）之间的关系 k=R/i 计算出组数 k（或组距 i）；也可以先用斯德吉斯组数公式 k=1+3.322lgn 求出组数 k，再利用 i=R/k 计算出组距 i。

（六）计算题

1.解：

按月工资额（元）分组	职工人数（人）	占总人数的比重（%）
1 600以下	22	18.03
1 600 ~ 1 900	29	23.77
1 900 ~ 2 200	36	29.51
2 200 ~ 2 500	24	19.67
2 500 ~ 2 800	7	5.74
2 800及以上	4	3.28
合　　计	122	100.00

2.解：

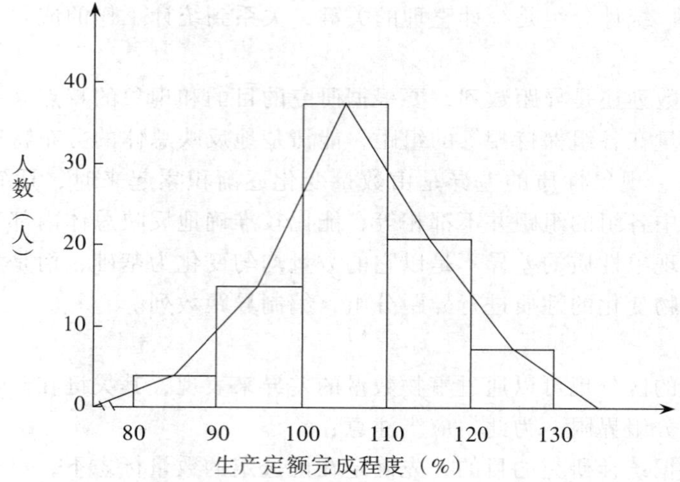

3.解：

（1）按经济类型做简单分组的统计表。

按经济类型分组	企业数（个）	职工人数（人）	全年营业收入（万元）
公有经济	10	24 995	122 547
国有经济	4	22 000	119 200
集体经济	6	2 995	3 347
非公有经济	14	5 540	37 319
私有经济	10	1 580	2 639
港澳台经济	2	2 560	2 580
外商经济	2	1 400	32 100
合计	24	30 535	159 866

（2）按企业规模做简单分组的统计表。

按企业规模分组	企业数（个）	职工人数（人）	全年营业收入（万元）
大型	2	10 300	104 700
中型	6	17 300	50 800
小型	9	2 640	3 420
微型	7	295	946
合计	24	30 535	159 866

（3）按经济类型和企业规模做复合分组的统计表。

按经济类型和企业规模分组	企业数（个）	职工人数（人）	全年营业收入（万元）
公有经济	10	24 995	122 547
国有经济	4	22 000	119 200
大型	2	10 300	104 700
中型	2	11 700	14 500
小型	0	0	0
微型	0	0	0
集体经济	6	2 995	3 347
大型	0	0	0
中型	1	1 800	2 000
小型	2	1 080	1 040
微型	3	115	307
非公有经济	14	5 540	37 319
私有经济	10	1 580	2 639
大型	0	0	0
中型	0	0	0
小型	6	1 400	2 000
微型	4	180	639
港澳台经济	2	2 560	2 580
大型	0	0	0
中型	1	2 400	2 200
小型	1	160	380
微型	0	0	0
外商经济	2	1 400	32 100
大型	0	0	0
中型	2	1 400	32 100
小型	0	0	0
微型	0	0	0
合计	24	30 535	159 866

4.解：

按工人看管机器台数分组（台）	工人数（人）	比重（频率）（%）	累计频率（%）	
			以下累计	以上累计
2	2	10	10	100
3	5	25	35	90
4	9	45	80	65
5	3	15	95	20
6	1	5	100	5
合计	20	100	—	—

5.解：

工人按完成生产定额百分比分组（%）	工人数（人）	比率（频率）（%）	累计频率（%）	
			以下累计	以上累计
80～90	2	4	4	100
90～100	10	20	24	96
100～110	21	42	66	76
110～120	14	28	94	34
120～130	3	6	100	6
合计	50	100	—	—

第四章　总量指标和相对指标

【学习目的和要求】

从本章开始，进入了统计分析的阐述。统计分析的方法有很多，其中综合指标法是统计分析的基础。综合指标法是利用统计指标对现象进行深入分析研究，揭示所研究现象的特征及规律性的方法。通过本章学习，要理解总量指标和相对指标的概念、作用和特点；了解单位总量和标志总量，时期指标和时点指标；熟练掌握六种常用相对指标的计算方法；明确计算及运用总量指标和相对指标的原则。

【重点、难点问题解析】

本章的重点是总量指标与相对指标的分类、特点和计算方法。

（一）总量指标的分类和特点

总量指标是反映现象总体规模或水平的统计指标，按其说明总体内容不同，分为总体单位总量和总体标志总量；按其反映的时间状况不同，分为时期指标和时点指标；按其采用的计量单位不同，分为实物指标、价值指标和劳动指标。

对于时期指标和时点指标，读者应当根据两者的特点将它们区别开来。时期指标反映现象在一段时期内发展过程的总数量，指标数值可以累计相加，其数值的大小与计算时期的长短有直接关系；时点指标表示现象处在某一时刻上的状态，反映非连续变化的现象，指标数值不能累计相加，其数值的大小与时间间隔长短没有直接关系。国内生产总值、粮食产量、商品销售额等是时期指标，而人口数、商品库存额等是时点指标。

实物指标可以直接反映产品的使用价值或现象的具体内容，但不能直接综合汇总，无法用来反映非同类现象的总规模和总水平；价值指标代表一定的社会必要劳动量，具有最广泛的综合性和概括性，但却脱离了具体的物质内容，比较抽象；劳动指标主要在企业范围内使用，不同类型、不同经营水平企业的劳动指标不能直接相比。

（二）相对指标的分类、特点和计算方法

相对指标可分为结构相对指标、比较相对指标、比例相对指标、动态相对指标、强度相对指标和计划完成情况相对指标等六种。结构相对指标主要是用来反映现象的结构、比例关系及发展变化规律；比较相对指标用来表明同类事物在不同空

间条件下的数量对比关系；比例相对指标能够反映事物内部各部分之间的数量联系程度和比例关系；动态相对指标用以说明现象发展变化的方向和程度；强度相对指标能够说明现象的强度、密度和普遍程度以及社会生产活动的条件或效果；计划完成情况相对指标用来检查和监督计划的执行情况。

各种相对指标的计算公式为：

$$结构相对指标=\frac{总体部分数值}{总体全部数值}$$

$$比较相对指标=\frac{某条件下的某类指标数值}{另一条件下的同类指标数值}$$

$$比例相对指标=\frac{总体中某一部分的数值}{总体中另一部分的数值}$$

$$动态相对指标=\frac{报告期水平}{基期水平}$$

$$强度相对指标=\frac{某一总量指标数值}{另一有联系而性质不同的总量指标数值}$$

$$计划完成情况相对指标=\frac{实际完成数}{计划任务数}\times 100\%$$

这部分理解起来有难度的问题有：

1.强度相对指标的分子与分母是来自两个不同总体但又有联系的指标数值。那么何谓有联系，则取决于实际问题及分子与分母相比的现实意义。例如，用人口数比土地面积能够表明人口的密集程度，可以作为一个强度相对指标；但用钢产量除以土地面积就没有什么实际意义了，不能算作强度相对指标。因此，在运用强度相对指标时，要求分析者对现实问题有较为深刻的认识和把握。

2.强度相对指标与平均指标的区别。从名称上看，有些强度相对指标叫作“人均×××”，很容易与平均指标相混淆。但两者的含义、作用、计量单位以及计算方法都有所不同。强度相对指标是两个性质不同但有一定联系的总量指标之比，反映现象发展的强度、密度或普遍程度，一般用复名数为计量单位；平均指标指同质总体内各单位某一数量标志的一般水平，用来表明同类现象在一定时间、地点、条件下所达到的一般水平，通常用标志总量比单位总量，计量单位为单名数。

3.计划完成情况相对指标还常用来检查长期计划和计划执行的进度。对计划完成情况的评价，应当注意计划指标的性质和要求。当计划指标是以最低限额进行规定的，计划完成情况相对指标要大于100%才算超额完成计划；当计划指标是以最高限额进行规定的，则计划完成情况相对指标要小于100%才算超额完成计划。

总量指标能够反映事物发展的总规模和总水平，却不易看清事物差别的程度；相对指标反映了现象之间的数量对比关系和差异程度，却又将现象的具体规模和水平抽象化了。因此，在实际中应将相对指标和总量指标结合起来使用，才能克服认识上的片面性，达到对客观事物全面正确的认识。

【练习题】

（一）判断题

1.某地区年人均粮食产量1 600千克，这是一个平均指标。 （　　）

2.时期指标与时期长短成正比，时点指标与时点间隔成正比。 （　　）

3.相对指标是两个有联系的指标数值之比，所以它们之间必须是同质的。 （　　）

4.相对指标的特点是将两个具体数值对比关系抽象化。 （　　）

5.总量指标是统计中最基本的综合指标，在实际统计工作中应用十分广泛。 （　　）

6.结构相对指标一般采用百分数表示，其分子和分母只能是时期指标，不能是时点指标。 （　　）

7.如果计划完成情况相对指标大于100%，则肯定完成计划任务了。 （　　）

8.在实际中，一般用当年价格计算的GDP（国内生产总值）来衡量一个国家或地区的经济增长情况。 （　　）

9.直接用物量乘以其相应的不变价格所求得的价值指标仅包括数量因素变动，可以确切地反映物量的变化。 （　　）

10 强度相对指标可以用来反映现象的密度和普遍程度。 （　　）

（二）单项选择题

1.按照反映现象的时间状况不同，总量指标可以分为（　　）。

①单位总量和标志总量　　②数量指标和质量指标

③时期指标和时点指标　　④实物指标和价值指标

2.下列指标属于时期指标的是（　　）。

①商品销售额　　②商品库存额

③商品库存量　　④职工人数

3.将不同地区、部门、单位之间同类指标进行对比所得的综合指标称为（　　）。

①动态相对指标　　②结构相对指标

③比例相对指标　　④比较相对指标

4.下列指标属于比例相对指标的是（　　）。

①工人出勤率

②第一产业、第二产业和第三产业的比例关系

③每百元产值利税额

④净产值占总产值的比重

5.计算计划完成情况相对指标时，分子和分母的数值（　　）。

①只能是相对数

②只能是绝对数

③只能是平均数

④既可以是绝对数，也可以是相对数或平均数

6.下列指标属于总量指标的是（　　）。

①人均粮食产量　②资金利税率　③产品合格率　④学生人数

7.结构相对指标是（　　）。

①报告期水平与基期水平之比

②实际数与计划数之比

③总体部分数值与总体全部数值之比

④甲单位水平与乙单位水平之比

8.计划规定商品销售额较去年增长3%，实际增长5%，则商品销售额计划完成情况相对指标的算式为（　　）。

①$\frac{5\%}{3\%}$　②$\frac{105\%}{103\%}$　③$\frac{3\%}{5\%}$　④$\frac{103\%}{105\%}$

9.某地区某年年底有1 000万人口，零售商店数有5万个，则商业网点密度指标为（　　）。

①5个/千人　②0.5个/千人　③200个/千人　④0.2个/千人

10.下列指标中属于时点指标的是（　　）。

①国内生产总值　②流动费用率

③人均利税额　④商店总数

11.反映同类事物在不同时间条件下对比结果的综合指标称为（　　）。

①动态相对指标　②比较相对指标

③比例相对指标　④强度相对指标

12.反映总体中各构成部分之间数量关系程度和比例关系的综合指标称为（　　）。

①比较相对指标　②比例相对指标

③强度相对指标　④结构相对指标

13.某商场今年空调销售量为6 500台，年末库存比年初库存减少了100台，这两个总量指标（　　）。

①是时期指标

②是时点指标

③前者是时期指标，后者是时点指标

④前者是时点指标，后者是时期指标

14.用“水平法”检查长期计划的执行情况适用于（　　）。

①规定计划期初应达到的水平

②规定计划期内某一期应达到的水平

③规定计划期末应达到的水平

④规定整个计划期累计应达到的水平

15. 用“累计法”检查长期计划的执行情况适用于（　　）。

①规定计划期初应达到的水平

②规定计划期内某一期应达到的水平

③规定计划期末应达到的水平

④规定整个计划期累计应达到的水平

16. 若某钢厂制订的五年计划为“计划期末年产量达到1 000万吨”，而该企业在这五年中的年产量为：900万吨、980万吨、1 050万吨、1 190万吨和850万吨，则该企业的计划完成情况是（　　）。

①正好提前两年完成计划

②至少提前两年完成计划，但具体时间由于资料不足无法计算

③未完成计划

④以上说法都不对

17. 若某公司三个部门实际完成的销售额分别为600万元、700万元和500万元，超额完成计划百分比分别为10%、8%和15%，则该公司的平均超额完成销售计划程度为（　　）。

① $\frac{600\times110\%+700\times108\%+500\times115\%}{600+700+500}-100\%$

② $\frac{600+700+500}{\frac{600}{110\%}+\frac{700}{108\%}+\frac{500}{115\%}}-100\%$

③ $\frac{110\%+108\%+115\%}{3}-100\%$

④ $\frac{10\%+8\%+15\%}{3}$

（三）多项选择题

1. 总量指标的重要意义在于它是（　　）。

①对现象总体认识的起点　　②实行社会管理的依据之一

③没有任何误差的统计指标　　④计算相对指标的基础

⑤计算平均指标的基础

2. 总量指标按其采用的计量单位不同可以分为（　　）。

①时期指标　　②时点指标　　③实物指标

④劳动指标　　⑤价值指标

3. 下列指标属于总量指标的有（　　）。

①国内生产总值　　②人均利税总额　　③利税总额

④职工人数　　⑤固定资产原值

4. 下列指标属于时点总量指标的有（　　）。

①年底人口数　　②粮食产量　　③牲畜存栏数

④油料播种面积　　⑤物资库存量

5.下列指标属于时期总量指标的有（　　）。

①学期期初学生人数　　②商品销售额　　③商品库存额

④工业总产值　　⑤资产负债总额

6.某地区今年新出生人口数为60万人，这一数值为（　　）。

①时期数　　②时点数　　③绝对数

④相对数　　⑤平均数

7.常用的相对指标有（　　）。

①动态相对指标　　②结构相对指标

③强度相对指标　　④比较与比例相对指标

⑤计划完成情况相对指标

8.相对指标数值的表现形式有（　　）。

①比例数　　②无名数　　③结构数

④抽样数　　⑤有名数

9.计算总量指标应注意的问题有（　　）。

①现象要具有同类性　　②计量单位必须统一

③指标有明确的统计含义　　④指标必须可比

⑤指标有合理的计算方法

10.检查长期计划执行情况常使用的方法有（　　）。

①平均法　　②水平法　　③综合法

④累计法　　⑤比例法

11.实物计量单位包括（　　）。

①货币单位　　②劳动单位　　③自然单位

④度量衡单位　　⑤标准实物单位

12.比较相对指标适用于（　　）。

①不同国家、地区和单位之间的比较

②不同时间状态下的比较

③先进地区水平和后进地区水平的比较

④实际水平与标准水平或平均水平的比较

⑤不同空间条件下的比较

13.下列指标中，属于强度相对指标的有（　　）。

①人均国内生产总值　　②人口密度

③人均钢产量　　④商品流通费

⑤每百元资金实现的利税额

14.在相对指标中，属于不同总体数值对比指标的有（　　）。

①动态相对指标　　②结构相对指标　　③比较相对指标

④比例相对指标　　⑤强度相对指标

15.某企业计划今年成本降低率为4%，实际降低了5%，则以下说法正确的有（　　）。

①该企业的计划完成程度为5%÷4%=125%

②该企业的计划完成程度为105%÷104%=100.96%

③该企业的计划完成程度为95%÷96%=98.96%

④该企业未完成计划任务

⑤该企业完成了计划任务

（四）填空题

1.反映现象总体规模或水平的指标称为________。

2.总量指标按其反映的内容不同可以分为________和________。

3.总量指标按计量单位不同可以分为实物指标、________和________。

4.价值指标是以货币为单位计算的总量指标，具有广泛的________。

5.________不同的实物指标不能直接汇总。

6.反映总体内部结构的相对数称为________。

7.________是将对比的基数抽象化为100而计算的相对数。

8.运用结构相对指标时要以________为前提。

9.________相对指标是反映总体内部各个组成部分之间的数量对比关系的相对指标。

10.当计划指标以最高限额规定时，计划完成情况相对指标要________100%才算超额完成计划。

（五）简答或简述题

1.时期指标与时点指标有何异同？

2.实物指标与价值指标各有什么特点？

3.强度相对指标与比较相对指标有什么区别？

4.在分析长期计划执行情况时，水平法与累计法有什么区别？

5.在统计实践中，为什么要将各种指标结合起来使用？

（六）计算题

1.某企业的工人人数及工资资料如下表所示：

工人类别	2018年		2019年	
	月工资额（元）	工人人数（人）	月工资额（元）	工人人数（人）
技术工人	1 800	150	2 000	200
辅助工人	1 000	100	1 050	300
合　计	1 480	250	1 430	500

要求：（1）计算工人人数结构相对指标；（2）各类别工人的月工资额报告期比基期均有提高，但全厂工人的月工资额却下降了，分析其原因。

2.某企业所属三个分厂2019年下半年的利润资料如下：

厂名	第三季度利润（万元）	第四季度					第四季度占第三季度的百分比（%）
		计　划		实　际		计划完成百分比（%）	
		利润（万元）	比重（%）	利润（万元）	比重（%）		
	（1）	（2）	（3）	（4）	（5）	（6）	（7）
A厂	1 082.00	1 234.00		1 358.00			
B厂	1 418.00	1 724.00				95.00	
C厂	915.00			1 140.00		105.00	
合计	3 415.00						

要求：（1）计算空格指标数值，并指出第（1）～（7）栏是何种统计指标。（2）如果未完成计划的分厂能完成计划，则该企业的利润将增加多少？超额完成计划多少？（3）若B、C两个分厂都能达到A企业完成计划的程度，该企业将增加多少利润？超额完成计划多少？

3.某企业生产某产品的劳动时间消耗、单位钢材消耗和单位成本资料如下：

项　目	单　位	本年实际	部颁定额	国内先进水平	本厂历史最好水平	厂定额
劳动工时消耗	工时/件	70.00	50.00	45.00	48.75	55.00
单位钢材消耗	千克/件	9.05	8.95	8.00	8.50	8.85
单位成本	元/件	180.00	160.00	150.00	155.00	158.00

要求：为了评价管理状况，计算比较指标，并列表分析。

4.根据下表资料，计算强度相对数正指标和逆指标。

项　目	单　位	2018年	2019年
地区总人口	万人	2 823	2 867
医疗机构	个	4 876	5 059
卫生技术人员	人	81 862	84 431
医院病床数量	张	56 920	59 252

5.某企业2018年甲产品的单位成本为800元，计划规定2019年成本降低4.5%，实际降低5%。要求：（1）计算甲产品2019年单位成本的计划数与实际数；（2）计算甲产品2019年降低成本计划完成情况相对指标。

6.某企业2018年乙产品产量为1 000台，计划规定2019年年产量增长5%，实际增长6%。要求：（1）计算2019年乙产品产量计划数与实际数；（2）计算2019年乙产品产量计划完成情况相对指标。

7.某企业生产某种产品，按五年计划规定年产量应达到100万吨。计划执行情况如下：

年份 指标	第一年	第二年	第三年		第四年				第五年			
			上半年	下半年	一季度	二季度	三季度	四季度	一季度	二季度	三季度	四季度
产量（万吨）	78	82	44	45	23.5	24	24.5	25	25	26	26.5	27.5

要求：（1）计算该产品计划完成情况相对指标；（2）计算该企业提前多长时间完成了五年计划规定的指标。

8.甲、乙两地区2019年主要农产品产量资料如下：

单位：万吨

农产品种类	甲地区	乙地区
粮　食	260	210
油　料	4	16
棉　花	3	4
水　果	45	22

要求：（1）计算比较相对指标；（2）计算强度相对指标。

（注：2019年甲、乙两地区的人口数分别为1 200万人和1 400万人）

【参考答案】

（一）判断题

1.（×）　2.（×）　3.（×）　4.（√）　5.（√）
6.（×）　7.（×）　8.（×）　9.（√）　10.（√）

（二）单项选择题

1.③　2.①　3.④　4.②　5.④
6.④　7.③　8.②　9.①　10.④
11.①　12.②　13.③　14.③　15.④
16.①　17.②

（三）多项选择题

1.①②④⑤　2.③④⑤　3.①③④⑤　4.①③⑤
5.②④　6.①③　7.①②③④⑤　8.②⑤
9.①②③⑤　10.②④　11.③④⑤　12.①③④⑤
13.①②③④⑤　14.③⑤　15.③⑤

（四）填空题

1.总量指标（绝对数）
2.总体标志总量　总体单位总量
3.价值指标　劳动指标
4.综合性和概括性
5.属性和计量单位
6.结构相对数
7.百分数
8.统计分组
9.比例
10.小于

（五）简答或简述题

1.答：

时期指标与时点指标都是总量指标，均表示现象的总量。两者的区别表现在：（1）时期指标反映现象在一段时期内发展过程的总数量，时点指标表示现象处在某一时刻上的状态；（2）时期指标可以累计相加，时点指标则不能；（3）时期指标数值的大小与计算时期的长短有直接关系，时点指标的数值大小与时间间隔长短没有直接关系。

2.答：

实物指标可以直接反映产品的使用价值或现象的具体内容，但其综合性比较差，不能反映非同类现象的总规模和总水平；价值指标代表一定的社会必要劳动量，具有最广泛的综合性和概括性，但却脱离了具体的物质内容，比较抽象。

3.答：

（1）含义不同：强度相对指标是两个性质不同，但有一定联系的总量指标之比；而比较相对指标是同一时期内同类现象在不同空间条件下的两个统计指标数值之比。

（2）作用不同：强度相对指标说明现象发展的强度、密度或普遍程度；比较相对指标则反映现象发展的不平衡程度。

（3）计算方法不同：

$$强度相对指标=\frac{某一总量指标数值}{另一有联系而性质不同的总量指标数值}$$

$$比较相对指标=\frac{某条件下的某类指标数值}{另一条件下的同类指标数值}$$

（4）计量单位表示不同：强度相对指标一般用有名数表示，有时也用无名数表示；比较相对指标均用无名数表示。

4.答：

（1）含义不同。水平法是以计划期末实际达到的水平与计划期末规定达到的水平之比来计算计划完成情况的；而累计法是以计划期实际累计完成数与计划期规定的累计数之比来确定计划的完成情况的。

（2）应用场合不同。水平法适用于按期末应达到的水平检查计划指标而制订的长期计划；累计法适用于按整个计划期累计应达到的水平检查计划指标而制订的长期计划。

（3）计算提前完成计划的时间有不同的方法。采用水平法检查长期计划完成情况时，只要计划期内有连续一期（如一年）的时间实际完成的水平达到了计划末期（如末年）水平，此时就算完成计划，所余时间为提前完成计划的时间；采用累计法时，只要从计划期开始至某一时期止，累计完成的实际数达到了计划规定的累计数就算完成计划，所余时间即是提前完成计划的时间。

5.答：

现实生活中的现象是十分复杂的，仅用一种指标来准确描述现象发展变化的全貌是不可能的。无论哪一种统计指标，都有它自身的优势，也有其局限性。总量指标能够反映事物发展的总规模和总水平，却不易看清事物之间差别的程度；相对指标反映了现象之间的数量对比关系和差异程度，却又将现象的具体规模和水平抽象化了。因此，将相对指标和总量指标结合起来使用，才能克服认识上的片面性，达到对客观事物全面正确的认识。

此外，就总量指标而言，实物指标能够直接反映产品的使用价值或现象的具体内容，但其综合性能比较差，不能反映非同类现象的总规模和总水平；价值指标具有最广泛的综合性和概括性，却又脱离了具体的物质内容，比较抽象，两种指标可以互补。就相对指标来说，每一种相对指标都只是从某一个方面说明问题。在分析研究复杂的现象时，只有将多种相对指标结合起来使用，才能把从不同侧面反映的情况综合起来观察分析，从而更加深入、全面地分析问题和认识问题。

（六）计算题

1.解：

（1）根据公式：

$$结构相对指标=\frac{总体部分数值}{总体全部数值}\times 100\%$$

计算出工人人数结构相对指标如下表：

工人类别	2018年		2019年	
	工人人数（人）	比重（%）	工人人数（人）	比重（%）
技术工人	150	60	200	40
辅助工人	100	40	300	60
合　计	250	100	500	100

（2）技术工人和辅助工人的月工资额2019年均比2018年有所提高，但全厂全体工人平均工资却下降50元，其原因是工人结构发生了变化。月工资额较高的技术工人的人数比重减少了，由2018年的60%下降为2019年的40%；而月工资额较低的辅助工人的人数比重增加了，由2018年的40%提高到2019年的60%。

2.解：

（1）计算空格指标数值如下表：

厂名	第三季度利润（万元）	第四季度					第四季度占第三季度的百分比（%）
		计 划		实 际		计划完成百分比（%）	
		利润（万元）	比重（%）	利润（万元）	比重（%）		
	（1）	（2）	$(3)=\frac{(2)}{\sum(2)}$	（4）	$(5)=\frac{(4)}{\sum(4)}$	$(6)=\frac{(4)}{(2)}$	$(7)=\frac{(4)}{(1)}$
A厂	1 082.00	1 234.00	30.52	1 358.00	32.84	110.05	125.51
B厂	1 418.00	1 724.00	42.63	1 637.80	39.60	95.00	115.50
C厂	915.00	1 085.71	26.85	1 140.00	27.56	105.00	124.59
合计	3 415.00	4 043.71	100.00	4 135.80	100.00	102.28	121.11

表中第（1）、（2）、（4）栏指标为总量指标，第（3）、（5）、（6）、（7）栏为相对指标。其中第（3）、（5）栏为结构相对指标，第（6）栏为计划完成情况相对指标，第（7）栏为动态相对指标。

（2）B分厂计划利润1 724.00万元，实际只完成1 637.80万元。如果B分厂能完成计划，则该企业的利润将增加86.20万元（1 724.00−1 637.80），超额完成计划178.29万元（（4 135.80+86.20）−4 043.71），超额4.41%（178.29÷4 043.71）。

（3）若B、C两个分厂都能达到A分厂实际完成计划的程度，则B分厂的实际利润额将达到1 897.26万元（1 724.00×110.05%），C分厂的实际利润额将达到1 194.82万元（1 085.71×110.05%），该企业利润将增加314.28万元（（1 897.26−1 637.80）+（1 194.82−1 140.00）），超额完成计划406.37万元（（4 135.80+314.28）−4 043.71），超额10.05%（406.37÷4 043.71）。

3.解：

根据公式：

$$比较相对指标=\frac{某条件下的某类指标数值}{另一条件下的同类指标数值}$$

计算出本年实际与各种典型指标比较结果见下表：

项　目	本　年实　际	与部颁定额比	与国内先进水平比	与本厂历史最好水平比	与厂定额比
劳动时间消耗	100.00	140.00	155.56	143.59	127.27
单位钢材消耗	100.00	101.12	113.13	106.47	102.26
单位成本	100.00	112.50	120.00	116.13	113.92

分析：从以上计算结果看，该企业生产管理较差。它的劳动时间消耗、单位钢材消耗和单位成本既未达到厂定额和部颁定额，也未达到本厂历史最好水平，与国

内先进水平差距更大。

4.解：

强度相对数正、逆指标计算结果见下表：

年　份	正指标			逆指标		
	每万人拥有医疗机构数（个）	每万人拥有卫生技术人员数（人）	每万人拥有医院病床数（张）	平均每个医疗机构服务人数（人）	平均每个卫生技术人员服务人数（人）	平均每张病床服务人数（人）
2018	1.73	29.00	20.16	5 789.58	344.85	495.96
2019	1.76	29.45	20.67	5 667.13	339.57	483.87

5.解：

（1）甲产品2019年单位成本计划数=800×（1−4.5%）=764（元）

甲产品2019年单位成本实际数=800×（1−5%）=760（元）

（2）甲产品2019年降低成本计划完成情况相对指标=$\frac{1-5\%}{1-4.5\%}$×100%=99.48%

或　=760÷764×100%=99.48%

6.解：

（1）乙产品2019年产量计划数=1 000×（1+5%）=1 050（台）

乙产品2019年产量实际数=1 000×（1+6%）=1 060（台）

（2）乙产品2019年产量计划完成情况相对指标=$\frac{1+6\%}{1+5\%}$×100%=100.95%

或　=$\frac{1\ 060}{1\ 050}$×100%=100.95%

7.解：

（1）该产品计划完成情况相对指标为：

$\frac{25-26+26.5+27.5}{100}$×100%=105%

（2）该企业从第四年第三季度至第五年第二季度的产量已达到计划规定的产量水平，故该企业提前6个月完成了五年计划规定的指标。

8.解：

（1）比较相对指标为（以乙地区为对比基础）：

粮食：260÷210×100%=123.81%

油料：4÷16×100%=25%

棉花：3÷4×100%=75%

水果：45÷22×100%=204.55%

即甲地区2019年的粮食、油料、棉花、水果产量分别为乙地区同类农产品产量的123.81%、25%、75%和204.55%。

（2）强度相对指标为（见下表）：

单位：千克

指标 \ 地区	甲地区	乙地区
人均粮食产量	216.67	150.00
人均油料产量	3.33	11.43
人均棉花产量	2.50	2.86
人均水果产量	37.50	15.71

第五章　平均指标和变异指标

【学习目的和要求】

平均指标和变异指标是被广泛应用的指标。通过本章学习，要正确理解平均指标和变异指标的概念、意义、作用；明确其种类及其区别；掌握平均指标和变异指标的计算方法、应用的原则和条件、平均指标与变异指标的关系。

【重点、难点问题解析】

本章的重点问题有：平均指标的特点和计算、应用原则；加权算术平均数；平均指标与变异指标的关系；标准差及其系数。

1.平均指标的特点和计算、应用原则。

首先，要了解平均指标的特点和计算、应用原则，这是正确计算和应用平均指标的前提。平均指标是在同质总体内各单位的变量值既有集中趋势又存在差异的条件下计算的，因而它代表总体的一般水平，是总体在某一标志上的代表值、特征值。它的主要特点是把各单位的具体数值平均化，抽象掉各单位数值上的差异，代表总体平均水平。

计算和应用平均数的首要原则是总体的同质性原则。只有同质总体才能计算和应用平均数，不是同质总体就不能计算和应用平均数。同质性原则还要求计算平均数所依据的子项和母项必须是具有依存关系的同一总体的两个总量，这也是平均数与强度相对数的主要区别。

其次，在分析和应用平均数时，要注意用组平均数、分配数列、典型事例来补充说明总平均数，要与变异指标结合起来说明总体数量特征。

2.加权算术平均数。加权算术平均数是平均指标中最基本、最常用的指标。在平均指标中，加权调和平均数是加权算术平均数的变形，而几何平均数、众数、中位数是在不适宜计算算术平均数的条件下才计算和应用的。学习加权算术平均数时，一是要掌握在什么条件下计算加权算术平均数，为什么要加权。二是要掌握加权算术平均数的两种形式和计算方法。当我们研究的总体各单位标志值的次数不同时，就不能计算简单算术平均数，而应计算加权算术平均数。这是因为，简单算术平均数只受各单位变量值的影响，而不受各变量值的次数的影响，当次数不同时，简单算术平均数就不能准确地代表总体的一般水平。而计算加权算术平均数，既受各单位变量值的影响，也受各变量值不同次数的影响，它能比较准确地代表总体的一般水平，因此必须加权。加权算术平均数因权数不同而有两种形式，即：$\overline{X}=\frac{\sum Xf}{\sum f}$和$\overline{X}=\sum X\frac{f}{\sum f}$，采用次数（f）还是权重系数（$f/\sum f$）作为权数要依资料而定。不过，依据同一资料用次数（f）加权和用权重系数（$f/\sum f$）加权计算的结果是相同的，这表明次数（f）对平均数大小的影响的实质，不在于次数（f）绝对量的大小，而在于各变量值次数（f）占总次数（$\sum f$）比重（$f/\sum f$）的大小。加权算术平均数的计算方法并不困难，只需按照计算公式把已知数值和需计算的数值代入公式，即可求出加权算术平均数。

3.平均指标与变异指标的关系。平均指标和变异指标是分别从不同的方面来反映总体数量特征的。平均指标作为总体一般水平的代表值，反映了总体在某一数量标志上的集中趋势，即各单位标志值群集在平均数的附近，它不能反映总体各单位标志值的差异程度，而变异指标才能反映总体各单位标志值的差异程度，从而说明平均数代表性的大小，即标志变异度愈大，平均数代表性愈小；标志变异度愈小，平均数代表性愈大。因此，当需要分析平均数的代表性大小时，就需要计算和应用标志变异指标。要全面认识总体的数量特征，就应当既要看到总体的集中趋势，又要看到总体的离中（离散）趋势，因此，常常把平均指标与变异指标结合起来运用。平均指标是计算和应用变异指标（除全距外）的基础和前提，变异指标不能脱离平均指标来计算和应用。只有在计算平均指标之后，才能计算各变量值与平均数的平均离差，即平均差、标准差是在平均指标的基础上计算出来的。要说明平均数代表性的大小必须利用变异指标，但平均指标的计算却不依赖于变异指标。

4.标准差及其系数。标准差是标志变异指标中最常用的指标。标准差的实质与平均差相同，也是各标志值与其算术平均数的平均离差，但它克服了平均差的局限性，因而它比平均差更常用。由于各变量值与其算术平均数的离差有正数也有负数，并且离差之和恒等于零($\sum(X-\overline{X})=0$)，因此平均差以取绝对值形式来计算，而标准差通过采用平方的方法消除正负号来计算。由于依据资料的不同，标准差有简单标准差和加权标准差两种形式，依据未分组资料计算简单标准差，其公式是：$\sigma=\sqrt{\frac{\sum(X-\overline{X})^2}{n}}$；依据分组资料计算加权标准差，其公式是：$\sigma=\sqrt{\frac{\sum(X-\overline{X})^2f}{\sum f}}$。简单式标准差的计算方法是：首先计算出各个标志值与算术平均数的离差；然后将各项离差平方后求出离差平方的平均数；最后将离差平方的平均数开平方。加权标准差的计算方法需要在离差平方后用各变量值的次数加权，然后除以总次数（$\sum f$）求出离差平方的平均数，最后开平方。

由于标准差的大小，不仅取决于各标志值的变异程度，还取决于各变量值的大小（即变量数列的水平），并且标准差是有名数，因此不能用标准差来比较不同水平和不同性质数列的变异程度及其平均数代表性的大小。为了对比，必须把它们的标准差以相对数形式，即采用标准差系数 $V_\sigma=\frac{\sigma}{\bar{X}}$ 来对比，标准差系数大的变量数列标志变异度大，其平均数代表性差；标准差系数小的变量数列标志变异度小，其平均数代表性好。

本章的难点问题主要有：如何理解总体的同质性；几何平均数的应用条件；依据组距数列计算众数和中位数的方法及其应用条件等。

1. 如何理解总体的同质性？总体的同质性是计算和应用平均数的根本原则，只能对同质总体求平均数，不是同质总体不能求平均数。计算平均数所依据的子项和母项必须是同一总体的两个总量，子项对母项具有依存关系。计算和应用平均数最常见的错误，一是把不同性质的事物当作同一总体求平均数，二是把平均指标与强度相对指标混同，这些错误与对总体同质性的理解有关。所谓同质性，是指总体各单位在所研究的标志上具有相同的性质，只有数量上的差异，没有质的区别。例如，计算大学生的平均年龄，就只能把大学生作为同质总体，不能把中学生、小学生包括在内，因为我们研究的是大学生的平均年龄，在“年龄”这个标志上它们是不同质的，不是同一总体。但是，当我们要统计全国各类学校的在校生总数时，大中小学生就具有同质性，就是同一总体了。人们对社会经济现象的认识，不同于对自然现象的认识，往往受到人们的立场、观点、方法的制约。例如，列宁曾经批评过的，把业主和工人当作同一总体计算平均收入的错误，在“收入”这个标志上，工人与业主属于不同的阶级，不具有同质性，如果计算他们的平均收入，只能是“虚构的平均数”，掩盖阶级差别和工人的赤贫状况。但是，当研究人口的性别构成、人口总量等问题时，就与其阶级属性、收入差别无关，他们就是同质总体。总之，计算和应用平均指标，首先要对社会经济现象有个科学的分析判断，而要正确判断社会经济现象在某种标志上是否具有同质性，仍然离不开马克思主义的立场、观点和方法的指导。

2. 几何平均数的应用条件。几何平均数是几个变量值连乘积的n次方根，是计算平均比率和平均速度常用的一种方法。凡是若干个变量值连乘积等于总比率或总速度的现象，都可以用几何平均法计算其平均数。例如，要计算全厂某种产品的平均合格率，由于产品的生产过程往往经过几个车间连续加工才能出成品，各车间的合格率不等于全厂的总合格率，全厂的总合格率等于各车间合格率的连乘积。因此，要求各车间的平均合格率就不能用算术平均法，而应用几何平均法，即各车间平均合格率 $G=\sqrt[n]{\prod x}$（简单几何平均数公式）。当计算几何平均数的各变量值次数不同时，则用加权几何平均法公式：$G=\sqrt[\sum f]{\prod x^f}$。求平均发展速度和平均增长速度也要用几何平均法（将在第六章中介绍）。

3. 依据组距数列计算众数和中位数的方法及其应用条件。众数和中位数公式的含义是什么？以计算众数的下限公式为例：$m_0=L+\frac{f_0-f_{-1}}{(f_0-f_{-1})+(f_0-f_{+1})}\cdot i=L+\frac{\Delta_1}{\Delta_1+\Delta_2}\cdot i$，此公式的含义是：众数等于众数组的下限加上众数组组距的一部分数值，这一部分数值的多少取决于众数组的前后两组的次数大小。这样计算出的众数是按比例推算的近似值。同理，按计算中位数公式计算的中位数，也是按比例推算的近似值。

众数和中位数的计算和应用是有条件的。当现象总体中有极端值的情况下，计算和应用中位数可以消除极端值的影响，因而它比算术平均数的代表性更好。计算和应用众数的条件是：总体单位数较多而且有明显的集中趋势。如果总体各单位标志值的次数相同则无众数；当有两个标志值的次数都较多时，计算出的众数的代表性不如算术平均数好。根据同一资料，计算何种平均数，既要考虑它们的条件，又要考虑计算和应用哪种平均数更具代表性。

【练习题】

（一）判断题

1.平均数反映了总体分布的集中趋势，它是总体分布的重要特征值。（　）

2.当各组的单位数相等时，各组单位数所占比重相等，权数的作用相等，那么加权算术平均数就不等于简单算术平均数。（　）

3.平均数与次数和的乘积等于变量值与次数乘积的总和。（　）

4.所有变量值与平均数的离差之和为最大。（　）

5.各变量值与平均数离差平方之和为最小。（　）

6.几何平均数是计算平均比率和平均速度的比较适用的一种方法，符合人们的认识实际。（　）

7.各变量值的次数相同时，众数不存在。（　）

8.标志变异指标说明变量的集中趋势。（　）

9.如果根据组距式分组资料计算变异全距，则计算公式为：变异全距=最高组的下限-最低组的下限。（　）

10.平均差是各标志值对其算术平均数的离差的平均数。（　）

11.标准差是总体中各单位标志值与算术平均数离差平方的算术平均数的平方根。（　）

12.标准差的实质与平均差基本相同，也是各个标志值与其算术平均数的平均距离。（　）

（二）单项选择题

1.平均指标是指同类社会经济现象在一定时间、地点和条件下（　）。

①复杂的总体数量的总和水平

②可比的总体数量的相对水平

③总体内各单位数量差异抽象化的代表水平

④总体内各单位数量差异程度的相对水平

2.算术平均数的分子和分母是（　　）。

①两个有联系的而性质不同的总体总量

②分子是总体单位总量，分母是总体标志总量

③分子是总体标志总量，分母是另一总体单位总量

④同一总体的标志总量和总体单位总量

3.平均数是对（　　）。

①总体单位数的平均　　②变量值的平均

③标志的平均　　④变异的平均

4.平均数反映了总体（　　）。

①分布的集中趋势　　②分布的离中趋势

③分布的变动趋势　　④分布的可比程度

5.加权算术平均数的大小受各组（　　）。

①次数（f）的影响最大　　②标志值（x）的影响最大

③权数($\frac{f}{\sum f}$)的影响最大　　④标志值（x）和次数（f）的共同影响

6.在同一变量数列中，当标志值比较大的次数多时，计算出来的平均数（　　）。

①接近标志值小的一方　　②接近标志值大的一方

③接近次数少的一方　　④接近哪方无法判断

7.根据同一分组资料计算简单算术平均数和加权算术平均数其结果相同，是因为（　　）。

①各组权数不等　　②各组权数相等

③各组变量值之差相等　　④变量值大致相等

8.加权算术平均数计算公式$\overline{X}=\frac{\sum Xf}{\sum f}$中的权数（频数）是（　　）。

①f　　②$\sum f$　　③$\frac{f}{\sum f}$　　④$\sum Xf$

9.加权算术平均数计算公式$\overline{X}=\sum X\frac{f}{\sum f}$中的权重系数是（　　）。

①$\frac{X}{f}$　　②$\sum f$　　③$\frac{f}{\sum f}$　　④X

10.根据确定方法和依据资料的不同，主要有5种平均指标，其中（　　）。

①中位数和算术平均数是位置平均数

②众数和调和平均数是位置平均数

③算术平均数和几何平均数是位置平均数

④中位数和众数是位置平均数

11.根据单项式分组数列计算加权算术平均数和直接利用该数列的未分组资料计算简单算术平均数是（　　）。

①一致的　　②不一致的

③某些情况下一致　　④多数情况下不一致

12.当只有总体标志总量和各标志值，而缺少总体单位资料时，计算平均数应采用（　　）。

①加权算术平均数公式　　②简单算术平均数公式

③调和平均数公式　　④几何平均数公式

13.众数就是所研究的变量数列中（　　）。

①具有最多次数的变量值　　②具有最少次数的变量值

③具有中等次数的变量值　　④具有平均次数的变量值

14.某年某市机械工业公司所属三个企业计划规定的产值分别为400万元、600万元、500万元。年末，计划完成程度分别为108%、106%、108%，则该公司三个企业平均计划完成程度为（　　）。

①$\sqrt[3]{108\% \times 106\% \times 108\%} \times 100\% = 107.33\%$

②$\dfrac{106\% \times 1 + 108\% \times 2}{1 + 2} \times 100\% = 107.33\%$

③$\dfrac{400 + 600 + 500}{\dfrac{400}{108\%} + \dfrac{600}{106\%} + \dfrac{500}{108\%}} \times 100\% = 107.19\%$

④$\dfrac{108\% \times 400 + 106\% \times 600 + 108\% \times 500}{400 + 600 + 500} \times 100\% = 107.20\%$

15.已知某公司所属企业的资金利润率和占用资金额，计算该公司的平均资金利润率应采用（　　）。

①简单算术平均数　　②加权算术平均数

③加权调和平均数　　④几何平均数

16.标志变异指标说明变量的（　　）。

①变动趋势　　②集中趋势

③离中趋势　　④一般趋势

17.标准差指标数值越小，则反映变量值（　　）。

①越分散，平均数代表性越低　　②越集中，平均数代表性越高

③越分散，平均数代表性越高　　④越集中，平均数代表性越低

18.下列标志变异指标中易受极端值影响的是（　　）。

①全距　　②平均差　　③标准差　　④标准差系数

19.标志变异指标中的平均差是各标志值（　　）。

①离差的平均数　　②与其算术平均数的平均离差

③与其算术平均数离差的绝对值　　④与其算术平均数离差绝对值的平均数

20.标志变异指标中的标准差是各标志值与算术平均数的（　　）。

①离差平方的平均数　　②离差平均数的平方根

③离差平方平均数的平方根　　④离差平均数平方的平方根

21.在抽样推断中应用比较广泛的指标是（　　）。

①全距　　②平均差　　③标准差　　④标准差系数

22.如果统计资料经过分组，并形成组距分配（分布）数列，则全距的计算方法是（　　）。

①全距=最大组中值-最小组中值　　②全距=最大变量值-最小变量值

③全距=最大标志值-最小标志值　　④全距=最大组上限-最小组下限

23.在统计资料经过分组并形成分配数列时，计算标准差的公式为（　　）。

①$\sqrt{\frac{\sum(X-\bar{X})^2f}{n}}$　　②$\sqrt{\frac{\sum(X-\bar{X})^2f}{\sum f}}$

③$\sqrt{\frac{\sum(X-\bar{X})f}{\sum f}}$　　④$\sqrt{\frac{\sum(X-\bar{X})^2}{n}}$

24.标志变异指标中，计算方法简单的是（　　）。

①平均差　　②标准差

③变异全距　　④标准差系数

25.平均差的加权平均式的公式是（　　）。

①$\frac{\sum(X-\bar{X})f}{\sum f}$　　②$\frac{\sum(X-\bar{X})^2f}{\sum f}$

③$\frac{\sum|X-\bar{X}|f}{\sum f}$　　④$\sqrt{\frac{\sum(X-\bar{X})^2f}{f}}$

26.在计算平均差时采用离差的绝对值（$|X-\bar{X}|$），是因为（　　）。

①$\sum(X-\bar{X})\leqslant0$　　②$\sum(X-\bar{X})\geqslant0$

③$\sum(X-\bar{X})\neq0$　　④$\sum(X-\bar{X})=0$

27.标准差的加权平均式的公式是（　　）。

①$\sqrt{\frac{\sum(X-\bar{X})^2f}{\sum f}}$　　②$\sqrt{\frac{\sum(X-\bar{X})f}{\sum f}}$

③$\frac{\sum(X-\bar{X})^2f}{\sum f}$　　④$\frac{\sum(X-\bar{X})f}{\sum f}$

28.平均差（A·D）的取值范围是（　　）。

①A·D=0　　②A·D≤0　　③A·D≥0　　④ 0≤A·D≤1

29.标准差（σ）的取值范围是（　　）。

①$\sigma=0$　②$\sigma\leqslant0$　③$\sigma\geqslant0$　④$0\leqslant\sigma\leqslant1$

30.是非标志的标准差是（　）。

①$\sqrt{p(1-p)}$　②$p(1-p)$　③$\sqrt{p-1}$　④$1-p$

31.是非标志的平均数（p）的取值范围是（　）。

①$p\geqslant0$　②$p\leqslant0$　③$p>1$　④ $0\leqslant p\leqslant1$

32.是非标志的标准差$\sqrt{p(1-p)}$的取值范围是（　）。

①$\sqrt{p(1-p)}\geqslant0$　②$\sqrt{p(1-p)}\leqslant1$

③ $0\leqslant\sqrt{p(1-p)}\leqslant1$　④ $0\leqslant\sqrt{p(1-p)}\leqslant0.5$

33.已知两个总体平均数不等，但标准差相等，则（　）。

①平均数大，代表性大　②平均数小，代表性大

③平均数大，代表性小　④以上都对

（三）多项选择题

1.平均指标的显著特点是（　）。

①某一数量标志在总体单位之间的数量差异抽象化

②总体各单位某一数量标志的代表值

③总体内各单位的品质标志差异抽象化

④总体指标值的数量差异抽象化

⑤异质总体的各单位标志值的差异抽象化

2.平均指标的作用主要有（　）。

①利用平均指标，可以对若干同类现象在不同单位、地区间进行比较研究

②利用平均指标，可研究某一总体某种数值的平均水平的变化

③利用平均指标，可以分析现象之间的依存关系

④平均指标可作为某些科学预测、决策和某些推算的依据

⑤利用平均指标，可以反映总体次数分布的集中趋势

3.简单算术平均数之所以简单是因为（　）。

①所据以计算的资料已分组　②各变量值的频率相等

③各变量值的频率不等　④所据以计算的资料未分组

⑤各变量值的次数分布不同

4.加权算术平均数计算公式有（　）。

①$\frac{\sum Xf}{f}$　②$\frac{\sum Xf}{\sum f}$　③$\sum X\frac{f}{\sum f}$　④$\frac{\sum X}{n}$　⑤$\frac{\sum m}{\sum\frac{1}{X}mf}$

5.加权算术平均数等于简单算术平均数的条件是（　）。

①各组变量值不相同　②各组次数相等

③各组权数都相同　④所分的组数较少

⑤各组次数不相等

6.加权算术平均数的大小（　　）。

①受各组次数多少的影响　②受各组标志值大小的影响

③受各组标志值和次数的共同影响　④不受各组标志值的影响

⑤与各组次数分布多少无关系

7.在组距数列的条件下，计算中位数的公式有（　　）。

①$M_e = L + \frac{\frac{\sum f}{2} - S_{m+1}}{f_m} \cdot i$　②$M_e = U - \frac{\frac{\sum f}{2} - S_{m-1}}{f_m} \cdot i$

③$M_e = L + \frac{\frac{\sum f}{2} - S_{m-1}}{f_m} \cdot i$　④$M_e = U - \frac{\frac{\sum f}{2} - S_{m+1}}{f_m} \cdot i$

⑤$M_e = U + \frac{\frac{\sum f}{2} - S_{m-1}}{f_m} \cdot i$

8.调和平均数的计算公式有（　　）。

①$\frac{\sum x}{n}$　②$\frac{\sum xf}{\sum f}$　③$\sum x \frac{f}{\sum f}$　④$\frac{\sum m}{\sum \frac{1}{x} m}$　⑤$\frac{n}{\sum \frac{1}{x}}$

9.几何平均数的计算公式有（　　）。

①$\sqrt[n]{x_1 \cdot x_2 \cdot \cdots \cdot x_{n-1} \cdot x_n}$　②$\frac{x_1 \cdot x_2 \cdot \cdots \cdot x_{n-1} \cdot x_n}{n}$

③$\frac{\frac{x_1}{2} + x_2 + \cdots + x_{n-1} + \frac{x_n}{2}}{n-1}$　④$\sqrt[\sum f]{\prod x^f}$

⑤$\sqrt[n]{\prod x}$

10.在组距数列的条件下，计算众数的公式有（　　）。

①$M_0 = L + \frac{\Delta_1}{\Delta_1 + \Delta_2} \cdot i$　②$M_0 = L - \frac{\Delta_1}{\Delta_1 + \Delta_2} \cdot i$

③$M_0 = L + \frac{\Delta_2}{\Delta_1 + \Delta_2} \cdot i$　④$M_0 = U + \frac{\Delta_2}{\Delta_1 + \Delta_2} \cdot i$

⑤$M_0 = U - \frac{\Delta_2}{\Delta_1 + \Delta_2} \cdot i$

11.正确运用平均指标应遵循的原则是（　　）。

①必须注意所研究社会经济现象的同质性

②必须注意用组平均数补充说明总平均数

③必须注意用分配数列补充说明平均数

④必须注意一般与个别相结合，把平均数和典型事例结合起来

⑤平均指标要与变异指标结合运用

12.标志变异指标可以说明（　　）。

①分配数列中变量的离中趋势　　②分配数列中各标志值的变动范围
③分配数列中各标志值的离散程度　　④总体单位标志值的分布特征
⑤分配数列中各标志值的集中趋势

13.标志变异指标有（　　）。
①变异全距　　②平均差　　③标准差
④标准差系数　　⑤相关系数

14.标志变异指标的主要作用是（　　）。
①衡量平均数代表性的大小
②反映社会经济活动过程的节奏性和均衡性
③可以反映总体单位的均匀性和稳定性
④科学地确定必要的抽样单位的因素
⑤分析社会经济现象某总体的变动趋势

15.在比较不同企业的同种产品平均质量水平的稳定性时宜采用（　　）。
①变异全距　　②标准差　　③递增率
④环比速度　　⑤离散系数

16.标志变异指标中的标准差（　　）。
①是各变量值对其算术平均数离差平方的平均数
②是各变量值对其算术平均数离差的平均数的平方根
③是各变量值对其算术平均数离差平方平均数的平方根
④是均方根差或均方差
⑤也称为方差

17.是非标志的标准差计算公式有（　　）。
①$\sqrt{p(q-1)}$　　②$\sqrt{p(1-q)}$　　③$\sqrt{p(1-p)}$
④$\sqrt{pq}$　　⑤$\sqrt{p-q}$

18.下列标志变异指标中用有名数表示的是（　　）。
①标准差系数　　②变异全距　　③平均差
④标准差　　⑤离散系数

（四）填空题

1.平均指标是指同类社会经济现象在一定时间、地点和条件下将总体内各单位的数量________的代表性水平指标。

2.平均数反映了总体分布的________，它是总体分布的重要特征值。

3.各标志值的次数（f）多少对平均数的大小的影响具有________的作用，故又称次数为________。

4.根据平均指标的确定方法和依据的资料不同可以分为算术平均数、________、几何平均数、________和中位数。

5.算术平均数根据掌握的资料和计算的复杂程度的不同，可分为________

和________。

6.在计算加权算术平均数时，对于权数的选择必须慎重考虑，务必使各组的________和________的乘积等于各组的标志总量，具有实际的经济意义。

7.权数对于算术平均数的影响作用，就其实质而言，不是决定于________的多少，而是决定于________的大小。

8.平均数与次数和的乘积等于各组________与其________乘积的总和。

9.所有变量值与其算术平均数的离差之和等于________。

10.各个变量值与其算术平均数离差平方之和为________。

11.调和平均数是平均数的一种，它是根据变量值的________计算的，它是变量值________。

12.在实际工作中，经常会遇到只有各组的标志总量和各组的变量值，缺少________的资料，这时计算平均数就需要利用加权调和平均数公式计算。

13.几何平均数的计算方法不同于算术平均数和调和平均数，它是n个变量值________。

14.众数和中位数不是根据全部标志值计算的，而是根据________确定的。

15.众数就是所研究的变量数列中________的变量值。

16.将总体中各单位某一标志值按大小顺序排列，________就是中位数。

17.标志变异指标是反映统计数列中以________为中心总体各单位标志值的________。

18.表明标志变异的指标主要有________、平均差和________及________。

19.平均差是各标志值与其算术平均数的________的算术平均数。

20.某种产品的合格率为95%，废品率为5%，则该种产品的平均合格率为________，其标准差为________。

（五）简答或简述题

1.什么是平均指标？简述其特征和作用。

2.平均指标与强度相对指标有什么区别？

3.什么是简单算术平均数？其计算公式是什么？

4.什么是加权算术平均数？其计算公式是什么？加权是什么意思？权数对平均数起什么作用？

5.什么是调和平均数？列出简单调和平均数和加权调和平均数的计算公式。

6.加权调和平均数和加权算术平均数的权数有何不同？

7.简要回答简单算术平均数、加权算术平均数及简单调和平均数和加权调和平均数在计算上的异同点。

8.什么是众数？如何确定？

9.什么是中位数？如何确定？

10.什么是标志变异指标？为什么在研究数列分配特征时要用标志变异指标？

11.简要说明平均指标与变异指标在说明同质总体特征方面的联系和区别。

12.简要回答标准差与平均差的异同点。

13.$\overline{X}$、σ和σ/$\overline{X}$各反映什么问题？

14.用全距测定变量数列的变异程度有哪些优缺点？

15.什么是标准差系数？为什么要计算标准差系数？

16.正确运用平均指标应遵循哪些原则？

17.什么是几何平均数？在什么情况下使用？

（六）计算题

1.某地一个小厂400名职工的工资资料如下：

按月工资分组（元）	职工人数（人）
900～1 100	60
1 100～1 300	100
1 300～1 500	140
1 500～1 700	60
1 700～1 900	40
合　计	400

要求：根据上述资料计算该厂职工平均工资和标准差。

2.某县去年年粮食产量资料如下：

按单位面积产量分组（千克/公顷）	播种面积比重
3 000以下	0.05
3 000～3 750	0.35
3 750～6 000	0.40
6 000及以上	0.20

要求：根据上表资料制表列式计算该县粮食作物平均单位面积产量。

3.某企业360名工人生产某种产品的资料如下：

工人按日产量分组（件）	工人数	
	7月份	8月份
20以下	30	18
20～30	78	30
30～40	108	72
40～50	90	120
50～60	42	90
60及以上	12	30
合　计	360	360

要求：分别计算7、8月份人均日产量，并简要说明8月份比7月份人均日产量变化的原因。

4.某地甲、乙两个农贸市场三种主要蔬菜价格及销售额资料如下：

品　种	价格（元/千克）	销售额（万元）	
		甲市场	乙市场
甲	3.00	750.0	375.0
乙	3.20	400.0	800.0
丙	3.60	450.0	450.0

要求：计算比较该地区哪个农贸市场蔬菜平均价格高，并说明原因。

5.某地区抽样调查职工家庭收入资料如下：

按平均每人月收入分组（元）	职工户数（户）
1 000 ~ 2 000	6
2 000 ~ 3 000	10
3 000 ~ 4 000	20
4 000 ~ 5 000	30
5 000 ~ 6 000	40
6 000 ~ 7 000	240
7 000 ~ 8 000	60
8 000 ~ 9 000	20

要求：根据上述资料计算职工家庭平均每人月收入（用算术平均数公式），并依下限公式计算确定中位数和众数。简要说明其分布特征。

6.某地甲、乙两村玉米生产情况资料如下：

土地按自然条件分　组	甲　村				乙　村			
	播种面积		总产量（吨）	单产（吨）	播种面积		总产量（吨）	单产（吨）
	绝对数（公顷）	比重（%）			绝对数（公顷）	比重（%）		
山　地	100		300		170		540	
丘陵地	133.3		600		119		560	
平原地	100		525		51		285	
合　计	333.3		1 425		340		1 385	

要求：（1）计算填列表中空格中的数字；（2）简要分析说明哪个村生产情况好。为什么？

7.某工厂生产一批零件共10万件，为了解这批产品的质量，采取不重复抽样的方法抽取1 000件进行检查，其结果如下：

使用寿命（小时）	零件数（件）
700以下	10
700～800	60
800～900	230
900～1 000	450
1 000～1 200	190
1 200及以上	60
合　计	1 000

要求：根据质量标准，使用寿命800小时及以上者为合格品。计算平均合格率、标准差及标准差系数。

8.某工业局全员劳动生产率的标准差为512元，标准差系数为8.4%。试求该工业局全员劳动生产率水平。（要求列出公式和算式）

9.某机械厂铸造车间生产900吨铸件，合格品810吨，试求平均合格率、标准差及标准差系数。

10.某地科学试验站对A、B两个品种的水稻分别在4块地进行试验，其产量如下：

A品种			B品种		
序号	田地面积（公顷）	产量（千克）	序号	田地面积（公顷）	产量（千克）
1	0.08	600	1	0.07	497
2	0.05	405	2	0.09	675
3	0.10	725	3	0.05	375
4	0.09	720	4	0.10	700

要求：根据上表资料分别计算两个品种的平均单位面积产量，并确定哪一个品种具有较好的稳定性。

【参考答案】

（一）判断题

1.（√）　2.（×）　3.（√）　4.（×）　5.（√）
6.（√）　7.（√）　8.（×）　9.（×）　10.（×）
11.（√）　12.（√）

（二）单项选择题

1.③　2.④　3.②　4.①　5.④
6.②　7.②　8.①　9.③　10.④
11.①　12.③　13.①　14.④　15.②
16.③　17.②　18.①　19.④　20.③
21.③　22.④　23.②　24.③　25.③
26.④　27.①　28.③　29.③　30.①
31.④　32.④　33.①

（三）多项选择题

1.①②　2.①②③④⑤　3.②④　4.②③
5.②③　6.①②③　7.③④　8.④⑤
9.①④⑤　10.①⑤　11.①②③④⑤　12.①②③④
13.①②③④　14.①②③④　15.①②⑤　16.③④
17.③④　18.②③④

（四）填空题

1.差异抽象化　2.集中趋势
3.权衡轻重　权数　4.调和平均数　众数
5.简单算术平均数　加权算术平均数　6.标志值　权数
7.单位数（次数或频数）　各组单位数（次数或频数）占总体单位数的比重（又称权重系数）
8.变量值　次数　9.零（0）
10.最小　11.倒数　倒数的算术平均数的倒数
12.各组单位数　13.连乘积的n次方根
14.所处的特殊位置　15.具有最大次数
16.居中间那个单位的数值　17.平均数　差异大小范围或离差程度
18.变异全距　标准差　标准差系数（离散系数）
19.离差绝对值　20.95%　21.79%

（五）简答或简述题

1.答：

平均指标是指在同质总体内，将各单位某一数量标志值差异抽象化，用以反映总体在一定时间、地点条件下的一般水平的指标，它的数值表现称为平均数。

平均指标（数）具有两个重要特征：①平均指标（数）是用一个代表性数值来说明被研究现象总体的一般水平；②平均指标（数）把被研究总体某一数量标志值在总体各个单位之间的差异给抽象化了。

统计平均指标的主要作用有：①利用平均指标可以对比同类现象在不同单位、地区、部门的一般水平，以说明生产水平的高低或经济效果的大小；②利用平均指标可以对比某一现象的水平在不同时间的变化，以说明这些现象的趋势或规律性；③利用平均指标可以分析现象之间的依存关系；④平均指标可作为某些科学预测、决策和某些推算的依据。

2.答：

（1）含义不同。强度相对指标是两个性质不同但有一定联系的总量指标之比；而平均指标则用来反映同质总体内各单位某一数量标志的一般水平。

（2）作用不同。强度相对指标表明现象发生的强度、密度或普遍程度；而平均指标则表明同类现象在一定时间、地点、条件下所达到的一般水平。

（3）计算方法不同。强度相对指标的分子与分母分别来自不同的总体，一般没有直接的依存关系，且有的强度相对指标分子、分母可以对换，即强度相对指标可以计算正指标或逆指标；而平均指标的分子是总体标志总量，分母则是同一总体内的总体单位总量，两者具有密切的关系，总体单位总量的变化必然会引起总体标志总量的变化，平均指标的分子与分母不能互换。

（4）计量单位表示不同。强度相对指标一般为复名数，有时为无名数；平均指标则为单名数。

3.答：

简单算术平均数是总体单位某一标志数值之和被总体单位数除所得的商。其计算公式为：

$$\bar{x}=\frac{x_1+x_2+x_3+\cdots+x_n}{n}=\frac{\sum x}{n}$$

式中：$\bar{x}$为平均数；x_1，x_2，x_3，…，x_n为各标志数值；n为总体单位数；$\sum$为总和符号。

4.答：

加权算术平均数是标志数值与权数（各组单位数）乘积之和被总体单位数除所得之商。

在计算加权算术平均数的过程中，需要对每个变量值乘以相应的数值，这个过程称为加权。乘上的数值即数列的次数，通称为权数。这个加权算术平均数的数值不仅受变量值大小的影响，同时也受到权数大小的影响。其计算公式为：

$$\bar{x}=\frac{x_1f_1+x_2f_2+x_3f_3+\cdots+x_nf_n}{f_1+f_2+f_3+\cdots+f_n}$$

$$=\frac{\sum xf}{\sum f}$$

式中：f为权数；其他符号含义同前。

5.答：

调和平均数是标志数值（变量值）的各项倒数的算术平均数的倒数，即以变量值的倒数计算的算术平均数的倒数。

简单调和平均数公式为：

$$H=\frac{n}{\frac{1}{x_1}+\frac{1}{x_2}+\frac{1}{x_3}+\cdots+\frac{1}{x_n}}$$

$$=\frac{n}{\sum\frac{1}{x}}$$

式中符号含义同前。

加权调和平均数公式为：

$$H=\frac{m_1+m_2+m_3+\cdots+m_n}{\frac{m_1}{x_1}+\frac{m_2}{x_2}+\frac{m_3}{x_3}+\cdots+\frac{m_n}{x_n}}=\frac{\sum m}{\sum\frac{m}{x}}$$

式中：m为变量数值与个数（次数）之积（m=xf）；其他符号含义同前。

6.答：

加权调和平均数的权数与加权算术平均数的权数所代表的内容不同。加权算术平均数的权数是变量值的个数（次数）；加权调和平均数的权数则是变量值与个数（次数）之积。

7.答：

这几种平均数的共同点：都是同一总体的标志总量与总体单位总数之比。

它们的差异点是由标志数值和单位数的给定条件不同而形成的。因此，在计算平均数时，由于掌握的条件不同，计算公式各异。

（1）当已知变量数列的标志数值（x）和总体单位数（n）时，应运用简单算术平均数计算公式。

（2）当已知分组数列的标志数值（x）和各组单位数（f）时，应运用加权算术平均数计算公式。

（3）当已知变量数列的标志数值的倒数（$\frac{1}{x}$）和总体单位数（n）时，应用简单调和平均数计算公式。

（4）当已知分组数列的标志数值（x）或其倒数（$\frac{1}{x}$）及各标志数值与单位数之积（m=xf）时，则应用加权调和平均数计算公式。

8.答：

在观察某一总体时，最常遇到的标志值，在统计上称为众数。换句话说，众数是研究总体变量数列中具有最大次数的标志值。它是总体中最常遇到的、最普遍、最一般的标志值。因而，可以用来说明某种现象的一般水平。众数的确定比较简单，只要大量观察就可得知。只有在组距数列中，才需要具体计算，以求得近似的众数值。

其计算公式为：

（1）下限公式：

$$m_0=L+\frac{f_0-f_{-1}}{(f_0-f_{-1})+(f_0-f_{+1})}\cdot i$$

$$=L+\frac{\Delta_1}{\Delta_1+\Delta_2}\cdot i$$

（2）上限公式：

$$m_0=U-\frac{f_0-f_{+1}}{(f_0-f_{-1})+(f_0-f_{+1})}\cdot i$$

$$=U-\frac{\Delta_2}{\Delta_1+\Delta_2}\cdot i$$

式中：m_0为众数；L为众数组的下限；U为众数组的上限；f_{-1}为众数所在组下（前）一组的次数；f_0为众数所在组的次数；f_{+1}为众数所在组上（后）一组的次数；Δ_1为众数所在组次数与其下（前）一组次数之差，$\Delta_1=f_0-f_{-1}$；Δ_2为众数所在组次数与其上（后）一组次数之差，$\Delta_2=f_0-f_{+1}$；i为众数组的组距。

9.答：

将总体中各单位某一标志值按大小顺序排列，居中间那个单位的标志值就是中位数。中位数的确定方法，根据所掌握的资料而定。

如掌握未经分组的资料，其确定方法是将各单位标志值按大小或多少次序排列，处于中间位置的标志值就是中位数。设数列项数为n，则中位数的位置是$\frac{n+1}{2}$。如项数为奇数时，$\frac{n+1}{2}$位置的数即为中位数；如项数为偶数时，$\frac{n+1}{2}$位置相邻两数值的均值，即为中位数。

如果掌握单项分组资料，其中位数的确定方法是从累计次数的一半的位置上找出。

如果掌握组距数列资料则依下列公式确定：

（1）下限公式：

$$M_e=L+\frac{\frac{\sum f}{2}-S_{m-1}}{f_m}\cdot i$$

（2）上限公式：

$$M_e=U-\frac{\frac{\sum f}{2}-S_{m+1}}{f_m}\cdot i$$

式中：M_e为中位数；L为中位数所在组的下限；U为中位数所在组的上限；$\sum f$为总次数,即各组次数总和；f_m为中位数所在组的次数；S_{m-1}为以下（向上）累计至中位数所在组以下一组止的次数；S_{m+1}为以上（向下）累计至中位数所在组以上一组止的次数；i为中位数所在组的组距。

10.答：

标志变异指标是反映总体中各单位标志值变异程度的指标。

总体分布具有两大特征：一个是变量值的集中趋势，另一个是变量值的离散趋势。平均指标是将总体各单位标志值的数量差异抽象化，以反映这些标志值的一般水平，即变量值的集中趋势，但它却不能反映出它们之间的差异程度，所以仅用平均指标还不能全面反映总体标志值的分布特征。标志变动指标反映的正是总体各单位标志值的差异程度，即变量值的离中趋势。因此，通过标志变异指标可以弥补平均指标的不足，把二者有机地结合起来，便可全面说明总体分布的特征。

11 答：

平均指标与变异指标都是用来说明同质总体数量方面的特征的指标，不同的是平均指标是反映总体数量分配方面集中程度的指标，而变异指标是反映离中程度的指标。数列中有变异，就会有集中，而变异指标又恰是以平均指标为中心计算的，所以平均指标与变异指标既相互联系又有区别。

12 答：

平均差和标准差都是以算术平均数为中心计算出来的用来反映总体离中程度的变异指标，二者由于都不受极端数值的影响，因此在反映数列分配变化程度方面二者的出发点是相同的，即都表示各标志值与算术平均数之间的平均离差程度。不同的是，标准差在数学处理上与平均差有所不同，它是采用平方的方法来消除离差的正负号，即先求出各个标志值与算术平均数的离差，再把各项加以平方，然后计算这些离差平方的算术平均数，最后再把这个平均数开方。而平均差指标是采用绝对值的方法来消除离差的正负号，即先求出各个标志值与算术平均数的离差，由于各个标志值与算术平均数的离差总和等于0（即$\sum(X-\overline{X})=0$），因而各项离差的平均数也等于0。为此平均差在计算时采用了离差的绝对值（$|X-\overline{X}|$）。

13.答：

$\overline{X}$和σ是从绝对数的角度分别反映分配数列中变量值的集中趋势和离中趋势，而$\frac{\sigma}{\overline{X}}$是从相对数的角度反映分配数列中变量值的相对离中趋势。

14.答：

用全距来测定标志变动度虽然简便，易于了解，且节省时间，但它易受极端数值的影响，因而测定的结果往往不能充分反映现象的实际离散程度。特别是通过组距数列求全距，当数列中带有开口组时，则全距的大小更有很大的假定性。

15.答：

标准差系数是将标准差与相应的平均数对比的结果。标准差和其他变异指标一样，是反映标志变动度的绝对指标。它的大小，不仅取决于标志值的离差程度，还取决于数列平均水平的高低。因而对于具有不同水平的数列或总体，就不宜直接用标准差来比较其标志变动度的大小，而需要将标准差与其相应的平均数对比，计算标准差系数，即采用相对数才能进行比较。

16.答：

正确运用平均指标来分析社会经济现象，应遵循以下几个原则：

（1）必须注意所研究社会经济现象的同质性；

（2）必须注意用组平均数补充说明总平均数；

（3）必须注意应用分配数列补充说明平均数；

（4）必须注意一般与个别相结合，把平均数和典型事例结合起来；

（5）平均指标要与变异指标结合运用。

17.答：

几何平均数是n个变量值连乘积的n次方根。在计算平均比率和平均速度时应用。

（六）计算题

1.解：

按月工资分组（元）	职工人数（人）f	组中值（元）X	工资总额（元）Xf	$X-\overline{X}$ ($\overline{X}$=1 360)	$(X-\overline{X})^2$	$(X-\overline{X})^2f$
900 ~ 1 100	60	1 000	60 000	−360	129 600	7 776 000
1 100 ~ 1 300	100	1 200	120 000	−160	25 600	2 560 000
1 300 ~ 1 500	140	1 400	196 000	40	1 600	224 000
1 500 ~ 1 700	60	1 600	96 000	240	57 600	3 456 000
1 700 ~ 1 900	40	1 800	72 000	440	193 600	7 744 000
合　计	400	—	544 000	—	—	21 760 000

平均工资 $\overline{X}=\frac{\sum Xf}{\sum f}=\frac{544\ 000}{400}=1\ 360$（元）

标准差 $\sigma=\sqrt{\frac{\sum(X-\overline{X})^2f}{\sum f}}=\sqrt{\frac{21\ 760\ 000}{400}}=233.24$（元）

2.解：

按单位面积产量分组（千克/公顷）	组中值（千克/公顷）X	播种面积比重 $\frac{f}{\sum f}$	$X \cdot \frac{f}{\sum f}$
3 000以下	2 625	0.05	131.25
3 000～3 750	3 375	0.35	1 181.25
3 750～6 000	4 875	0.40	1 950.00
6 000及以上	7 125	0.20	1 425.00
合　计	—	1.00	4 687.50

粮食作物平均单位面积产量为：

$$\overline{X}=\sum X \cdot \frac{f}{\sum f}=2\,625\times0.05+3\,375\times0.35+4\,875\times0.40+7\,125\times0.20$$

$=4\,687.5$（千克/公顷）

3.解：

工人按日产量分组（件）	组中值（件）X	7月份			8月份		
		工人数（人）f	比重（%）$f/\sum f$	Xf	工人数（人）f	比重（%）$f/\sum f$	Xf
20以下	15	30	8.33	450	18	5.00	270
20～30	25	78	21.67	1 950	30	8.33	750
30～40	35	108	30.00	3 780	72	20.00	2 520
40～50	45	90	25.00	4 050	120	33.34*	5 400
50～60	55	42	11.67	2 310	90	25.00	4 950
60及以上	65	12	3.33	780	30	8.33	1 950
合　计	—	360	100.00	13 320	360	100.00	15 840

*尾数调整。

7月份平均每人日产量为：

$$\overline{X}=\frac{\sum Xf}{\sum f}=\frac{13\,320}{360}=37\text{（件）}$$

8月份平均每人日产量为：

$$\overline{X}=\frac{\sum Xf}{\sum f}=\frac{15\,840}{360}=44\text{（件）}$$

根据计算结果得知8月份比7月份平均每人日产量多7件。其原因是不同日产量水平的工人所占比重发生变化所致。7月份工人日产量在40件以上的工人只占全部工人数的40%，而8月份这部分工人所占比重则为66.67%。

4.解：

品种	价格（元/千克）X	甲市场			乙市场		
		销售额（万元）m	销售量（万千克）m/X	比重（%）	销售额（万元）m	销售量（万千克）m/X	比重（%）
甲	3.00	750.0	250	50	375.0	125	25
乙	3.20	400.0	125	25	800.0	250	50
丙	3.60	450.0	125	25	450.0	125	25
合计	—	1 600.0	500	100	1 625.0	500	100

甲市场平均价格为：

$$H_{甲}=\frac{\sum m}{\sum \frac{m}{X}}=\frac{1\,600}{500}=3.20\text{（元/千克）}$$

乙市场平均价格为：

$$H_{乙}=\frac{\sum m}{\sum \frac{m}{X}}=\frac{1\,625}{500}=3.25\text{（元/千克）}$$

经计算得知，乙市场蔬菜平均价格高，其原因是乙市场价格较高的蔬菜销售量比重大于甲市场。也可以说，乙市场蔬菜平均价格高的蔬菜销售额比重大于甲市场。

5.解：

按平均每人月收入分组（元）	组中值（元）X	职工户数（户）f	Xf	职工户数累计（户）	
				以下（向上）累计	以上（向下）累计
1 000 ~ 2 000	1 500	6	9 000	6	426
2 000 ~ 3 000	2 500	10	25 000	16	420
3 000 ~ 4 000	3 500	20	70 000	36	410
4 000 ~ 5 000	4 500	30	135 000	66	390
5 000 ~ 6 000	5 500	40	220 000	106	360
6 000 ~ 7 000	6 500	240	1 560 000	346	320
7 000 ~ 8 000	7 500	60	450 000	406	80
8 000 ~ 9 000	8 500	20	170 000	426	20
合　计	—	426	2 639 000	—	—

该地区职工家庭平均每人月收入为：

$$\overline{X}=\frac{\sum Xf}{\sum f}=\frac{2\,639\,000}{426}=6\,194.84\text{（元）}$$

依下限公式计算确定中位数为：

$$M_e=L+\frac{\frac{\sum f}{2}-S_{m-1}}{f_m}\cdot i=6\,000+\frac{\frac{426}{2}-106}{240}\times 1\,000=6\,445.83\text{（元）}$$

依下限公式计算确定众数为：

$$M_0=L+\frac{\Delta_1}{\Delta_1+\Delta_2}\cdot i=6\,000+\frac{200}{200+180}\times 1\,000=6\,526.32\text{（元）}$$

$\overline{X}$、M_e、M_0三者的关系是$\overline{X}<M_e<M_0$，其分布特征是左偏态分布，即高收入的职工较多。

6.解：

土地按自然条件分组	甲村				乙村			
	播种面积		总产量（吨）	单产（吨）	播种面积		总产量（吨）	单产（吨）
	绝对数（公顷）	比重（%）			绝对数（公顷）	比重（%）		
山　地	100	30	300	3	170	50	540	3.18
丘陵地	133.3	40	600	4.5	119	35	560	4.71
平原地	100	30	525	5.25	51	15	285	5.59
合　计	333.3	100	1 425	4.28	340	100	1 385	4.07

简要分析说明，从甲乙两村各自的总平均单产来看甲村（4.28吨）高于乙村(4.07吨)。从分组来看乙村的单产均高于甲村。其总平均单产之所以甲村高于乙村，是因为甲村自然条件好，其丘陵地、平原地的面积比重为70%，大于乙村的50%。所以，综合起来看，应当认为乙村好。

7.解：

平均合格率为：

$$P=\frac{230+450+190+60}{1\,000}=0.93\text{或}93\%$$

标准差为：

$$\sigma=\sqrt{P(1-P)}=\sqrt{0.93\times(1-0.93)}=0.2551\text{或}25.51\%$$

标准差系数为：

$$V_\sigma=\frac{\sigma}{\overline{X}}=\frac{\sigma}{P}=\frac{25.51\%}{93\%}=0.2743\text{或}27.43\%$$

8.解：

依题意，已知$\sigma=512$元，$V_\sigma=8.4\%$：

求$\overline{X}$=?

依$V_\sigma=\frac{\sigma}{\overline{X}}$得：

$\overline{X}=\frac{\sigma}{V_\sigma}=\frac{512}{8.4\%}=6\ 095.24$（元）

即该工业局全员劳动生产率水平为6 095.24元。

9.解：

依题意要求和已知数据可求出：

平均合格率为：$P=\frac{N_1}{N}=\frac{810}{900}=0.90$或90%

标准差为：$\sigma=\sqrt{P(1-P)}=\sqrt{0.9\times(1-0.9)}=0.3$或30%

标准差系数为：$V_\sigma=\frac{\sigma}{\overline{X}}=\frac{\sigma}{P}=\frac{30\%}{90\%}=0.3333$或33.33%

10.解：

品种	序号	田地面积（公顷）f	产量（千克）Xf	单产（千克）X	$X-\overline{X}$	$(X-\overline{X})^2$	$(X-\overline{X})^2f$
A品种	1	0.08	600	7 500	−156	24 336	1 946.88
	2	0.05	405	8 100	444	197 136	9 856.80
	3	0.10	725	7 250	−406	164 836	16 483.60
	4	0.09	720	8 000	344	118 336	10 650.24
	合计	0.32	2 450	7 656	—	—	38 937.52
B品种	1	0.07	497	7 100	−148	21 904	1 533.28
	2	0.09	675	7 500	252	63 504	5 715.36
	3	0.05	375	7 500	252	63 504	3 175.20
	4	0.10	700	7 000	−248	61 504	6 150.40
	合计	0.31	2 247	7 248	—	—	16 574.24

A品种的单位面积产量（$\overline{X}_A$）、标准差（σ_A）及标准差系数（V_A）为：

$$\overline{X}_A=\frac{\sum Xf}{\sum f}=\frac{2\ 450}{0.32}=7\ 656\text{（千克）}$$

$$\sigma_A=\sqrt{\frac{\sum(X-\overline{X})^2f}{\sum f}}=\sqrt{\frac{38\ 937.52}{0.32}}=348.83\text{（千克）}$$

$V_A=\frac{\sigma_A}{\overline{X}_A}=\frac{348.83}{7\ 656}=0.0456$或4.56%

B品种的单位面积产量（$\overline{X}_B$）、标准差（σ_B）及标准差系数（V_B）为：

$$\overline{X}_B=\frac{\sum Xf}{\sum f}=\frac{2\ 247}{0.31}=7\ 248\text{（千克）}$$

$$\sigma_B=\sqrt{\frac{\sum(X-\overline{X})^2f}{\sum f}}=\sqrt{\frac{16\ 574.24}{0.31}}=231.23\text{（千克）}$$

$$V_B=\frac{\sigma_B}{\overline{X}_B}=\frac{231.23}{7\ 248}=0.0319\text{或}3.19\%$$

经计算得知 $V_A>V_B$，所以B品种具有较大的稳定性。

第六章　动态数列

【学习目的和要求】

动态分析是统计分析的重要方法之一，其依据是动态数列。通过本章学习，要明确动态数列的概念、作用、种类和编制原则；重点掌握动态数列分析的各种水平指标和速度指标的含义、计算方法和应用条件；掌握动态数列变动趋势和季节变动的分析方法。

【重点、难点问题解析】

本章所阐述的是动态分析的原理与方法。学习本章要抓住以下几个重点问题：动态数列的概念、作用和种类；编制动态数列的原则；动态分析的水平指标；动态分析的速度指标；动态数列变动趋势和季节变动分析。

1.动态数列的概念、作用和种类。把反映某种现象的同一指标，在不同时间上的指标数值，按时间（如按年、季、月、日等）先后顺序编排所形成的数列，称为动态数列或时间数列，又称时间序列。构成动态数列的两个基本要素是：现象所属的时间和反映现象所属时间上的发展水平（即统计指标数值）。动态数列的作用是：（1）通过动态数列可以描述被研究现象的发展过程和结果；（2）通过动态数列可分析被研究现象的发展速度、趋势，探索其发展变化的规律性；（3）通过动态数列有关统计数据的计算、研究，对所研究现象作趋势预测；（4）将不同国家或地区的同类现象的动态数列进行对比，观察其发展变化的数量关系，也可以将两个以上相关现象在同一历史时期的动态数列进行对比，分析其发展变化的协调性。

要深入认识动态数列，还要明确动态数列的种类。一般来说，根据统计指标表现形式不同，动态数列可分为总量指标动态数列、相对指标动态数列和平均指标动态数列三种，其中，总量指标动态数列是基础数列，后两种是派生数列。

总量指标动态数列根据其反映时间状况不同又分为时期数列和时点数列两种，学习时要掌握这两种数列的区别和联系。两者的区别有四点：（1）从数列中每个指标数值反映的内容上说，时期数列中的每个指标数值，都是反映现象在一定时期内的发展过程的总量；时点数列中的每个指标数值，则是反映现象在某一时点上的总量。（2）从各个时间上的指标数值是否可加来说，时期数列各时期指标数值可以相加，相加的结果有实际意义；时点数列中的各指标数值除了计算过程需要相加外，一般不可相加，因为相加的结果无实际意义。(3) 从各间隔时间长短与指标数值大小的关系来看，时期数列中每个指标数值的大小与时期长短有关；时点数列中每个指标数值的大小与时间的间隔长短无直接关系。(4) 从资料来源而言，时期数列的每个指标数值，是跟随现象发展过程作连续登记得到的；时点数列中的每个指标数值，是对现象作一时调查确定的。

2.编制动态数列的原则。编制动态数列的目的在于通过各指标数值对比分析研究其变化过程及其发展变化趋势或规律性，因此，保证动态数列中各指标数值的可比性，是编制动态数列应遵循的基本原则，具体来说，有以下几点：(1) 总体范围应一致；(2) 指标的内容应相同；(3) 时期数列的时期长短应一致，时期数列或时点数列中的各指标数值的间隔力求一致；(4) 指标的计算方法、计算价格和计量单位应一致。

3.动态分析的水平指标。通过动态数列进行动态分析要运用动态数列水平指标，主要有发展水平、增长水平（又称为增长量），平均发展水平（又称为序时平均数）、平均增长水平（又称为平均增长量）。学习时要理解这些指标的含义和计算方法，尤其要认真深刻理解平均发展水平和平均增长水平的计算方法，要掌握它们的计算条件和计算公式。主要掌握总量指标动态数列平均发展水平（序时平均数）的计算。

(1) 时期数列序时平均数的计算比较简单，只需将数列各期水平直接加总除以数列项数即得。其公式为：

$$\bar{a}=\frac{a_1+a_2+a_3+\cdots+a_{n-1}+a_n}{n}=\frac{\sum a}{n}$$

(2) 时点数列序时平均数的计算要依不同条件而应用不同的公式，有四种情况及四个公式。

第一，在掌握间隔相等连续时点资料时，计算公式为：

$$\bar{a}=\frac{a_1+a_2+a_3+\cdots+a_{n-1}+a_n}{n}=\frac{\sum a}{n}$$

第二，在掌握间隔不等连续时点资料时，计算公式为：

$$\bar{a}=\frac{a_1t_1+a_2t_2+a_3t_3+\cdots+a_nt_n}{t_1+t_2+t_3+\cdots+t_n}=\frac{\sum at}{\sum t}$$

第三，在掌握间隔相等的间断时点资料时，计算公式为：

$$\bar{a}=\frac{\frac{a_1}{2}+a_2+a_3+\cdots+\frac{a_n}{2}}{n-1}=\frac{\frac{a_1+a_n}{2}+\sum_{i=2}^{n-1}a_i}{n-1}$$

第四，在掌握间隔不等的间断时点资料时，计算公式为：

$$\bar{a}=\frac{\frac{a_1+a_2}{2}\cdot t_1+\frac{a_2+a_3}{2}\cdot t_2+\cdots+\frac{a_{n-1}+a_n}{2}\cdot t_{n-1}}{t_1+t_2+\cdots+t_{n-1}}=\sum_{i=1}^{n-1}\frac{a_i+a_{i+1}}{2}\cdot t_i/\sum_{i=1}^{n-1}t_i$$

相对指标动态数列序时平均数的计算要充分考虑它的特点，深刻理解它的含义。由于相对指标有静态相对指标和动态相对指标之分，其计算方法也不同。动态相对指标序时平均数属于速度的平均，在速度指标中详述。这里主要阐述静态相对指标动态数列序时平均数的计算。由于相对指标动态数列各期数值不能加总，应由构成相对指标动态数列的两个总量指标动态数列的序时平均数对比得到，即依据公式 $\bar{c}=\frac{\bar{a}}{\bar{b}}$ 计算。

平均指标动态数列序时平均数的计算与用相对指标计算序时平均数类似。

4.动态分析的速度指标。在理解发展速度、增长速度的含义的基础上，重点掌握平均发展速度和平均增长速度的计算方法。平均增长速度不能直接从各环比增长速度计算，而是先计算平均发展速度后减 1（或 100%）得到，所以要重点掌握平均发展速度的计算条件及公式。一般来说，有如下四种情况，从而采用与其相应的四个公式。

第一，在掌握各时期的发展水平的条件下用下式：

$$\bar{X}=\sqrt[n]{\frac{a_1}{a_0}\cdot\frac{a_2}{a_1}\cdot\frac{a_3}{a_2}\cdot\cdots\cdot\frac{a_n}{a_{n-1}}}=\sqrt[n]{\frac{a_n}{a_0}}$$

第二，在掌握各环比发展速度的条件下用下式：

$$\bar{X}=\sqrt[n]{X_1\cdot X_2\cdot X_3\cdot\cdots\cdot X_n}=\sqrt[n]{\prod X}$$

如果掌握各环比增长速度，则可将各环比增长速度加 1（或 100%）化为环比发展速度再行计算。

第三，在掌握总速度时，用下式：

$$\bar{X}=\sqrt[n]{R}$$

第四，在掌握翻番数时，用下式：

$$\bar{X}=\sqrt[n]{2^m}$$

5.动态数列变动趋势和季节变动分析。变动趋势和季节变动都属于对所研究事物变动规律的研究。研究变动趋势时，要先理解变动趋势的含义，在此基础上采用几种常用的方法进行研究。其中时距扩大法、序时平均法、移动平均法这三种方法比较简单，容易掌握。在趋势分析中要重点掌握直线配合法的最小平方法。这里主要是灵活运用求解趋势方程中 a、b 两个参数的公式：

$$\begin{cases} a=\frac{\sum y}{n}-b\frac{\sum t}{n}=\bar{y}-b\bar{c} \\ b=\frac{n\sum ty-\sum t\sum y}{n\sum t^2-(\sum t)^2} \end{cases}$$

指数曲线趋势模型的一般形式为：

$$\hat{y}_t=ab^t$$

此时求解 a、b 参数的方法有很多，其中常用最小平方法。首先将指数曲线模型 $\hat{y}_t=ab^t$ 化为对数形式 $\lg\hat{y}_t=\lg a+t\lg b$，然后配合求直线趋势方程的方法，求解 lga 和 lgb，最后，求其反对数即可得出指数曲线方程。

季节变动分析主要是计算季节变动率，即先求季节比率，然后据以分析。

本章难点是平均水平、平均速度指标的计算和运用最小平方法进行变动趋势分析。掌握这部分内容的关键是结合实例理解其含义，认真分析已有数据资料的条件，熟练运用公式进行分析研究。学习这部分内容时可联系第十章中的趋势预测方法。

【练习题】

（一）判断题

1.所谓序时平均数就是将同一总体的不同时期的平均数按时间顺序排列起来。（　　）

2.平均发展速度，是现象各期环比发展速度的平均数，其计算方法（水平法）是各期环比发展速度连乘积开n次（时间个数或水平个数）方根。（　　）

3.平均增长速度是环比增长速度连乘积开n次方根。（　　）

4.所谓半数平均法就是用时间（动态）数列的一半去测定数列的长期趋势。（　　）

5.季节变动，是指某些现象由于受自然因素和社会条件的影响，在一年之内比较有规律的变动。（　　）

6.凡在短期内，现象有周期性的规律变动，都不能称为季节变动。（　　）

（二）单项选择题

1.下面四个动态数列中，属于时点数列的是（　　）。

①历年招生人数动态数列　②历年增加在校生人数动态数列

③历年在校生人数动态数列　④历年毕业生人数动态数列

2.间隔不等间断时点数列序时平均数的计算，应使用公式（　　）。

①$\bar{a}=\frac{\sum a}{n}$　②$\bar{a}=\frac{\sum at}{\sum t}$

③$\bar{a}=\frac{\frac{a_1+a_n}{2}+\sum_{i=2}^{n-1}a_i}{n-1}$　④$\bar{a}=\sum_{i=1}^{n-1}\frac{a_i+a_{i+1}}{2}\cdot t_i/\sum_{i=1}^{n-1}t_i$

3.工人劳动生产率动态数列，属于（　　）。

①绝对数动态数列　②相对数动态数列

③静态平均数动态数列　④序时平均数动态数列

4.某企业上一年平均每季度的生产计划完成程度为102%，则该企业上一年全年生产计划的完成程度为（　　）。

①204%　②306%　③408%　④102%

5.根据两个不同的时点数列，正确使用公式$\bar{a}=\frac{\sum at}{\sum t}$和$\bar{a}=\sum_{i=1}^{n-1}\frac{a_i+a_{i+1}}{2}\cdot t_i/\sum_{i=1}^{n-1}t_i$，分

别计算序时平均数，这两个序时平均数（　　）。

①都是准确值　　②都是近似值

③前者是准确值，后者是近似值　　④前者是近似值，后者是准确值

6.各项指标数值，直接相加的得数有独立存在意义的动态数列是（　　）。

①结构相对数动态数列　　②序时平均数动态数列

③时期数列　　④时点数列

7.虽有现象各期的环比增长速度，但无法计算现象的（　　）。

①各期定基增长速度　　②各期环比发展速度

③各期发展水平　　④平均增长速度

8.某地区粮食产量的环比增长速度，去年为3%，今年为4%，则这两年该地区粮食产量共增长了（　　）。

①1%　　②7%　　③7.12%　　④12%

9.某现象各期的环比增长速度（以系数表现）为P_1、P_2、P_3，其平均增长速度的计算式为（　　）。

①$\bar{P}=(P_1+P_2+P_3)\div 3$

②$\bar{P}=\sqrt[3]{P_1\cdot P_2\cdot P_3}$

③$\bar{P}=(P_1+1)\cdot(P_2+1)\cdot(P_3+1)\div 3-1$

④$\bar{P}=\sqrt[3]{(P_1+1)\cdot(P_2+1)\cdot(P_3+1)}-1$

10.趋势直线配合中的半数平均法，其数学要求是（　　）。

①$\sum(y-y_c)^2<1$　　②$\sum(y-y_c)^2=1$

③$\sum(y-y_c)^2$=最小值　　④$\sum(y-y_c)=0$

（三）多项选择题

1.一个动态数列的基本要素包括（　　）。

①变量　　②次数

③现象所属的时间　　④现象所属的地点

⑤反映现象的统计指标数值

2.从统计指标表现的形式看，动态数列可分为（　　）。

①总量指标动态数列　　②相对指标动态数列

③平均指标动态数列　　④时期指标动态数列

⑤时点指标数列

3.为保证动态数列中指标各个数值的可比性，在编制时，（　　）。

①总体范围应一致

②指标的经济内容应相同

③时期数列的时期长短应一致

④为研究现象变化的规律性，时点数列的间隔相等更佳

⑤指标的计算方法、计算价格和计量单位应一致

4.相对数动态数列中的相对数，可以是（　　）。

①计划完成相对数　②结构相对数

③比较相对数　④强度相对数

⑤动态相对数

5.设C（a/b）为相对数。相对数动态数列序时平均数的计算式为（　　）。

①$\bar{c}=\frac{\sum c}{n}$　②$\bar{c}=\frac{\sum cb}{\sum b}$

③$\bar{c}=\frac{\sum a}{\sum \frac{a}{c}}$　④$\bar{c}=\frac{\sum a}{\sum b}$

⑤$\bar{c}=\frac{\bar{a}}{\bar{b}}$

6.下列平均指标，属于序时平均数的有（　　）。

①平均发展水平　②平均增长量

③平均递减量　④平均发展速度

⑤平均增长速度

7.设a_0和a_n分别为现象的最初和最末水平，R为末期定基发展速度，x_1，x_2，x_3，…，x_n为各期环比发展速度，水平法平均发展速度$\bar{x}$的计算式为（　　）。

①$\bar{x}=\frac{x_1+x_2+x_3+\cdots+x_n}{n}$　②$\bar{x}=\sqrt[n]{x_1\cdot x_2\cdot x_3\cdot\cdots\cdot x_n}$

③$\bar{x}^n+\bar{x}^{n-1}+\cdots+\bar{x}^2+\bar{x}-\frac{\sum_{i=1}^{n}a_i}{a_0}=0$　④$\bar{x}=\sqrt[n]{\frac{a_n}{a_0}}$

⑤$\bar{x}=\sqrt[n]{R}$

8.计算和应用平均发展速度指标时，应注意（　　）。

①要结合具体研究对象确定报告期

②要结合具体研究目的确定基期

③应计算分段平均发展速度来补充全期的平均发展速度

④应分别计算增长或下降年的平均发展速度来补充全期的平均发展速度

⑤应用水平法和累计法分别计算其平均发展速度来比较分析

9.基本属直线型的动态数列，对之作直线修匀宜用（　　）。

①时距扩大法　②序时平均法

③移动平均法　④半数平均法

⑤最小平方法

10.在直线趋势方程式$y_c=a+bt$中，y_c代表直线趋势值，其余各符号的含义是（　　）。

①a代表趋势直线的起点值

②a值等于原动态数列的最末水平

③b为趋势直线的斜率

④b是每增加一个单位时间，现象平均增加的值

⑤t代表时间变量

（四）填空题

1.把反映某现象的同一指标，在不同时间上的指标数值，按________顺序编排所形成的数列，称为动态数列。

2.凡排列在总量指标动态数列中的每个指标数值，均反映现象________，该数列称时期数列。

3.凡排列在总量指标动态数列中的每个指标数值，均反映现象在________，该数列称时点数列。

4.时期数列的时期，是指数列中每个指标数值反映现象________。

5.时期数列或时点数列的间隔，是指________。

6.静态平均数所平均的，是总体各单位某一标志值的差异，而序时平均数所平均的，是________的差异。

7.同一动态数列两个相邻累计增长量之差，等于________。

8.由一个时期数列各逐期增长量构成的动态数列，仍属时期数列；由一个时点数列各逐期增长量构成的动态数列，属________数列。

9.使用年距增长量和年距增长速度分析问题，可排除________的影响。

10.同一动态数列各期环比发展速度的连乘积，等于________。

11.________指标，是将现象报告期的逐期增长量与报告期的环比发展速度联系起来观察和分析问题的。

12.平均发展速度，是现象各期________的平均数。

13.$\sum a$为现象n期各报告期水平之和，a_0为现象的最初水平，若$M=\frac{\sum a}{a_0}\times 100\%$，则M的含义是________。

14.若用累计法平均增长速度查对表，查现象某一段时期的平均增长或平均下降速度时，需根据________去确定在增长或下降部分查表。

15.所谓长期趋势，是指现象在一个相当长的时期内，其发展过程表现为________的趋势。

16.把不易看出现象变化趋势的原动态数列，通过分析和加工后，使现象的变化趋势明显化的方法，称________。

17.确定用扩大时距的方法，对一总量指标动态数列进行修匀，若遇不能直接使用时距扩大法的时点数列时，宜使用________法。

18.若原动态数列为月份资料，而且现象有季节变动，使用移动平均法对之修匀时，时距宜确定为________项，但所得各项移动平均数，尚需________，以扶正其位置。

19.使用最小平方法配合趋势直线时，求解a、b参数值的那两个标准方程式为________。

20.所谓季节变动，是指某些现象由于受________的影响，在一年之内比较有规律地变动。

21.统计用以反映现象季节变动的指标是________。

22.某农产品收购量第三季度的季节比率为194%，并预测到该农产品明年的全年收购量为560万吨，则明年第三季度该农产品的收购量约为________万吨。

（五）简答或简述题

1.动态数列有哪些作用？

2.时期数列与时点数列有哪些区别？

3.由静态平均数动态数列和由动态平均数动态数列，计算其序时平均数的方法有何不同？为什么？

4.平均发展速度的水平法和累计法有何不同？各适用于哪些现象？

5.若现象的动态数列是月份资料，季节比率之和应为多少？如果计算结果非此值，应当如何调整各月季节比率？

（六）计算题

1.某自行车车库4月1日有自行车320辆，4月6日调出70辆，4月18日进货120辆，4月26日调出80辆，直至月末再未发生变动。问该库4月份平均库存自行车多少辆？

2.某企业2019年定额流动资金占有的统计资料如下表：

月　份	1	2	3	4	5	6	10	12
月末定额流动资金（万元）	298	300	354	311	280	290	330	368

注：2018年年末定额流动资金为320万元。

要求：根据上表资料分别计算该企业2019年定额流动资金上半年平均占有额、下半年平均占有额和全年平均占有额。

3.某商店2019年上半年各月销售计划及其计划完成情况如下表：

月　份	1	2	3	4	5	6
计划销售额（万元）	45.0	40.0	46.0	50.0	55.0	60.0
计划完成程度（%）	104.0	98.0	95.0	102.0	106.0	101.0

要求：计算该商店2019年上半年平均每月销售计划的完成情况。

4.某工厂2019年下半年各月末工人数及其所占比重资料如下表：

月　份	6	7	8	9	10	11	12
月末工人数（人）	550	580	560	565	600	590	590
工人占全部职工人数的比重（%）	80.0	86.0	81.0	80.0	90.0	87.0	85.0

要求：计算该工厂2019年下半年工人占全部职工人数的平均比重。

5.某商店资料见下表：

月　份	3	4	5	6
商品销售额（万元）	165.0	198.0	177.0	216.9
月末销售员人数（人）	210	240	232	250

根据上表资料计算：(1) 第二季度该店平均每月商品销售额；(2) 第二季度平均销售员人数；(3) 第二季度销售员人均销售额；(4) 4月、5月、6月各月份（分别）的销售员人均销售额；(5) 第二季度平均每月销售员人均销售额。

6.某水泥厂2014—2019年水泥产量见下表。计算出表中各动态分析指标各年的数值，并填入表内的相应空格中。

年　份		2014	2015	2016	2017	2018	2019
水泥产量（万吨）		580	685	819	900	1 010	1 160
增长量（万吨）	逐期	—					
	累计	—					
发展速度（%）	环比	—					
	定基	100					
增长速度（%）	环比	—					
	定基	—					
增长1%的绝对值（万吨）		—					

7.根据动态分析指标之间的关系，推算出下表空格的数值，并填入表中空格处。

年份	产值（万元）	与上年比较			
		增长量（万元）	发展速度（%）	增长速度（%）	增长1%的绝对值（万元）
2015		—	—	—	—
2016			105.0		1.2
2017		14.0			
2018				15.0	
2019	170.0				

8.根据动态分析指标之间的关系，推算出下表空格的数值，并填入表中。

年 份		2015	2016	2017	2018	2019
增长速度（%）	环 比	20		25		24
	定 基		50		125	

9.根据第6题资料计算各逐期增长量，计算它们的平均增长量，并据之预测该水泥厂2020年和2021年的水泥产量。

10.根据第6题动态数列资料，用水平法求2015—2019年水泥产量的平均发展速度和平均增长速度，并据之预测2020年和2021年该厂的水泥产量。

11.某现象2016—2019年各年的递减速度分别为：12%、10%、8%和2%，试用水平法求其平均下降速度。

12.根据第6题原动态数列资料，试分别用半数平均法和最小平方法配合趋势直线作图，并分别据以预测2021年的水泥产量。

13.某地区甲产品2016—2019年各季度收购量统计资料如下：

单位：万吨

年 份	一季度	二季度	三季度	四季度
2016	13	5	8	18
2017	14	6	10	18
2018	16	8	12	22
2019	19	15	17	25

根据上表资料：

（1）用移动平均法对该动态数列进行修匀（列表表现其趋势值）；

（2）用直接平均法计算其季节比率；

（3）预计2020年该产品全年收购量为96万吨，按其季节比率，各季度的收购量应安排多少？

【参考答案】

（一）判断题

1.（×） 2.（√） 3.（×） 4.（×） 5.（√） 6.（×）

（二）单项选择题

1.③ 2.④ 3.③ 4.④ 5.③

6.③ 7.③ 8.③ 9.④ 10.④

（三）多项选择题

1.③⑤ 2.①②③ 3.①②③④⑤ 4.①②③④⑤

5.②③④⑤　6.①②③④⑤　7.②④⑤　8.②③
9.④⑤　10.①③④⑤

（四）填空题

1.时间先后　2.在一段时期内发展过程的总和
3.某一时点上的总量　4.所在时间的长短
5.两个相邻指标数值所在时间的距离　6.被研究现象本身的数量在不同时间上
7.报告期的逐期增长量　8.时期
9.季节变动　10.其相应时期的定基发展速度
11.增长1%的绝对值　12.环比发展速度
13.现象某一段时期的总发展速度　14.$\frac{M}{n}$>100%或$\frac{M}{n}$<100%
15.不断增长或不断下降
16.长期趋势的分析法（或动态数列的修匀法）
17.序时平均　18.12　再作一次二项移动平均
19.$\sum y=na+b\sum t \qquad \sum ty=a\sum t+b\sum t^2$
20.自然因素和社会条件　21.季节比率
22.271.6（560÷4×1.94）

（五）简答或简述题

1.答：

动态数列有下列作用：（1）它可描述被研究现象的发展过程和结果；（2）它为分析被研究现象的发展速度、趋势和规律，提供最基本的统计数据，以便作趋势预测；（3）将不同地区、国家的同一现象，或将两个以上相关现象，在同一历史时期的动态数列进行对比，可分析它们变化中的数量关系或是否协调。

2.答：

二者有如下区别：（1）前者每个指标数值，反映现象一定时期内发展过程的总量，后者只反映在某一时点的总量；（2）前者各项指标数相加有意义，后者相加无实际意义；（3）前者指标数值大小与时期长短有关，后者无时期概念；（4）前者指标数值是对现象作连续登记取得，后者是对现象作一时调查取得。

3.答：

后者用简单平均法计算，前者是先分别计算标志总量动态数列和总体单位总量动态数列的序时平均数（$\bar{a}$、$\bar{b}$），然后将这两个序时平均数对比（$\frac{\bar{a}}{\bar{b}}$）得到。因为静态平均数的各期分母项数值一般均不相等，故它不能用简单平均法计算。

4.答：

水平法侧重考察现象的末期水平，它用几何平均法计算；累计法侧重考察现象整个计算期的总水平，它用高次方程法计算。以年发展水平表现其规模的现象，其平均发展速度宜用水平法计算，用若干累计数表现其规模的现象，适用累计法计算。

5.答：

应为1 200。若12个月的季节比率之和（设为A）不等于1 200，则以1 200/A计算一个换算系数，然后用此换算系数分别乘各月原得的季节比率，各月换算后的季节比率之和就会等于1 200。

（六）计算题

1.解：

$$\bar{a}=\frac{\sum at}{\sum t}=\frac{320\times5+250\times12+370\times8+290\times5}{5+12+8+5}=300.3\text{（辆）}$$

2.解：

（1）上半年平均占有额

$$\bar{a}=\left(\frac{a_1+a_n}{2}+\sum_{i=2}^{n-1}a_i\right)/(n-1)=\left(\frac{320+290}{2}+298+300+354+311+280\right)\div6=308\text{（万元）}$$

（2）下半年平均占有额

$$\bar{a}=\sum_{i=1}^{n-1}\frac{a_i+a_{i+1}}{2}\cdot t_i/\sum_{i=1}^{n-1}t_i=\left(\frac{290+330}{2}\times4+\frac{330+368}{2}\times2\right)\div(4+2)=323\text{（万元）}$$

（3）全年平均占有额

$$\frac{308+323}{2}=315.5\text{（万元）}$$

3.解：

$$\bar{c}=\frac{\sum bc}{\sum b}$$

$$=\frac{45\times1.04+40\times0.98+46\times0.95+50\times1.02+55\times1.06+60\times1.01}{45+40+46+50+55+60}=1.012\text{（即101.2\%）}$$

4.解：

先用$b=\frac{a}{c}$式分别求出各月末全部职工人数，如6月末为$\frac{550}{0.8}$=688人，其余各月依次为674，691，706，667，678和694，则：

$$\bar{c}=\frac{\bar{a}}{\bar{b}}=\frac{\left(\frac{550+590}{2}+580+560+565+600+590\right)/6}{\left(\frac{688+694}{2}+674+691+706+667+678\right)/6}=0.844\text{（即84.4\%）}$$

5.解：

（1）$\bar{a}=\frac{\sum a}{n}=(198+177+216.9)\div3=197.3$（万元）

（2）$\bar{b}=\left(\frac{210+250}{2}+240+232\right)\div3=234$（人）

（3）（198+177+216.9）÷234=2.529（万元）

（4）4月份的销售员人均销售额$=198\div\frac{210+240}{2}=0.88$（万元）

5月份的销售员人均销售额$=177\div\frac{240+232}{2}=0.75$（万元）

6月份的销售员人均销售额=216.9÷$\frac{232+250}{2}$=0.9（万元）

（5）第二季度平均每月售货员人均销售额=197.3÷234=0.843（万元）

6.解：

某水泥厂2014—2019年水泥产量

年　　份		2014	2015	2016	2017	2018	2019
水泥产量（万吨）		580	685	819	900	1 010	1 160
增长量（万吨）	逐期	—	105	134	81	110	150
	累计	—	105	239	320	430	580
发展速度（%）	环比	—	118.10	119.56	109.89	112.22	114.85
	定基	100	118.10	141.21	155.17	174.14	200.00
增长速度（%）	环比	—	18.10	19.56	9.89	12.22	14.85
	定基	—	18.10	41.21	55.17	74.14	100.00
增长1%的绝对值（万吨）		—	5.80	6.85	8.19	9.00	10.10

7.解：

年份	产值（万元）	与上年比较			
		增长量（万元）	发展速度（%）	增长速度（%）	增长1%的绝对值（万元）
2015	120.0	—	—	—	—
2016	126.0	6.0	105.0	5.0	1.20
2017	140.0	14.0	111.1	11.1	1.26
2018	161.0	21.0	115.0	15.0	1.40
2019	170.0	9.0	105.6	5.6	1.61

注：120=1.2×100，126=120×1.05；

140=126+14，161=140×（1+0.15）。

8.解：

年　份		2015	2016	2017	2018	2019
增长速度（%）	环　比	20	25	25	20	24
	定　基	20	50	87.5	125	179

注：25%=（$\frac{1.5}{1.2}$−1）×100%；

87.5%=（1.5×1.25−1）×100%；

$20\%=(\frac{2.25}{1.875}-1)\times100\%$；

$179\%=(2.25\times1.24-1)\times100\%$。

9.解：

（1）平均增长量$=\frac{580}{5}=116$（万吨）

（2）2020年预计水泥产量=1 160+116×1=1 276（万吨）

（3）2021年预计水泥产量=1 160+116×2=1 392（万吨）

10.解：

（1）平均发展速度：

$\bar{x}=\sqrt[n]{\frac{a_n}{a_0}}=\sqrt[5]{\frac{1\ 160}{580}}=\sqrt[5]{2}$

$\lg\bar{x}=\frac{1}{5}\lg2=\frac{1}{5}\times0.3010=0.0602$，$\bar{x}=1.149$（即114.9%）

（2）平均增长速度=114.9%−100%=14.9%

（3）2020年预计水泥产量=1 160×1.149=1 332.84（万吨）

（4）2021年预计水泥产量$=1\ 160\times1.149^2=1\ 531.43$（万吨）

11.解：

先求平均发展速度：

$\bar{x}=\sqrt[4]{0.88\times0.9\times0.92\times0.98}=\sqrt[4]{0.714}$

$\lg\bar{x}=\frac{1}{4}\lg0.714=\frac{1}{4}\times(-0.1463)=-0.03658$

$\bar{x}=0.9192$（即91.92%）

所以，平均下降速度为8.08%。

12.解：

（1）用半数平均法配合：

半数平均法计算表

年　份	t	y	y_c	年　份	t	y	y_c
2014	1	580	585.2	2017	4	900	913.7
2015	2	685	694.7	2018	5	1 010	1 023.2
2016	3	819	804.2	2019	6	1 160	1 132.7
合　计	6	2 084		合　计	15	3 070	
平　均	2	694.7		平　均	5	1 023.3	

将两半的平均值分别代入：$\bar{y}-a-b\bar{t}=0$

$$\begin{cases}694.7-a-2b=0\\1\ 023.3-a-5b=0\end{cases}$$

解此联立方程：b=109.5 a=475.7

∴所配直线趋势方程为：y_c=475.7+109.5t

（2）用最小平方法配合：

最小平方法计算表

年　份	2014	2015	2016	2017	2018	2019	合　计
t	1	2	3	4	5	6	21
y	580	685	819	900	1 010	1 160	5 154
ty	580	1 370	2 457	3 600	5 050	6 960	20 017
t^2	1	4	9	16	25	36	91
y_c	576.5	689.5	802.5	915.5	1 028.5	1 141.5	

将上表中的合计数代入：

$$\begin{cases}\sum y = na + b\sum t \\ \sum ty = a\sum t + b\sum t^2\end{cases} \quad 得：\begin{cases}5\,154 = 6a + 21b \\ 20\,017 = 21a + 91b\end{cases}$$

解此联立方程：b=113 a=463.5

∴所配直线趋势方程为：y_c=463.5+113t

（3）作图（学生自己设计绘制）。

（4）预测2021年的水泥产量。

用前一趋势方程：y_c=475.7+109.5×8=1 351.7（万吨）

用后一趋势方程：y_c=463.5+113×8=1 367.5（万吨）

13.解：

（1）某地区甲产品2016—2019年各季度收购量的趋势值（修匀值）（注：四项移动后再扶正）。

单位：万吨

年　份	一季度	二季度	三季度	四季度
2016			11.125	11.375
2017	11.750	12.000	12.250	12.750
2018	13.250	14.000	14.875	16.125
2019	17.625	18.625		

（2）某地区甲产品收购季节比率计算表。

单位：万吨

年　份	一季度	二季度	三季度	四季度	合　计	季度平均数
2016	13	5	8	18	44	11
2017	14	6	10	18	48	12
2018	16	8	12	22	58	14.5
2019	19	15	17	25	76	19
合　计	62	34	47	83	226	56.5
同季平均数	15.5	8.5	11.75	20.75	56.5	14.125
季节比率（%）	109.7	60.2	83.2	146.9	400	100

（3）该产品2020年平均每季度预计收购量。

96÷4=24（万吨）

根据季节比率，其各季度收购量安排为：

一季度　24×1.097=26.328（万吨）

二季度　24×0.602=14.448（万吨）

三季度　24×0.832=19.968（万吨）

四季度　24×1.469=35.256（万吨）

第七章　统计指数

【学习目的和要求】

统计指数是统计分析中广为采用的一种重要方法。它是用来表明度量单位不同的多种事物综合变动情况的相对数，是动态分析的进一步深入和发展。通过本章学习，要明确统计指数的概念、作用和种类；掌握综合指数、平均指数的编制原则和方法；掌握统计指数体系及因素分析方法及其应用。

【重点、难点问题解析】

本章的重点问题有两个：一是统计指数的编制方法；二是指数的因素分析方法。其中统计指数的编制方法是基础，要掌握统计指数的编制方法，先要理解统计指数的概念。统计指数是反映不可能直接相加的复杂总体在数量上综合变动的相对数。可见，统计指数反映的是总体的总变动、综合变动，而不是总体内的单一变动；统计指数反映的总体是复杂总体。所谓复杂总体，并不是指容量很大、总体单位很多的庞大总体，它是指总体单位的标志值不能直接相加的总体。统计指数编制方法的核心问题就是通过引入同度量因素（权数），将不能直接相加的多要素构成的指数化因素（即研究对象），固定在同一时期来编制总指数，以反映指数化因素在不同时期的综合变动程度，这种编制指数的方法称综合指数。用综合指数编制总指数，先是寻找同度量因素，使总体内不能同度量的指标同度量化，然后将同度量因素的时期固定下来，单纯反映所研究对象的变动。同度量因素的正确选择是编制指数的关键，必须运用经济理论分析，找到与研究对象紧密相联的因素作为同度量因素。如研究工业产品产量的变动，工业产品的出厂价格、工业产品的生产成本是同度量因素；研究商品销售量的变动，商品的销售价格、商品的销售成本可作为同度量因素；研究农产品生产者价格的变动，则农产品的产量是同度量因素等。为使同度量因素在编制总指数时只起同度量和权重作用，需将同度量因素的时期固定。然而，将同度量因素固定在同一时期可以有不同的选择，是报告期还是基期，或者是某一特定历史时期，这就需根据统计研究的目的和统计数据采集的难易程度灵活选择。一般的选择原则是编制质量总指数，将质量指标指数化的同度量因素——数量指标固定在报告期；编制数量总指数，则将数量指标指数化的同度量因素——质量指标固定在基期或某一特定历史时期。其公式为：

$$I_q=\frac{\sum p_1q_1}{\sum p_0q_1} \qquad I_q=\frac{\sum q_1p_0}{\sum q_0p_0}$$

运用综合指数计算总指数，要求有全面的统计资料，但是，有些研究对象的全面资料难以取得。因此，除了在较小范围，且研究的总体单位较少的情况下，直接采用综合指数编制，一般多采用平均指数来计算总指数。平均指数是以个体指数为基础来计算总指数的。如以个体指数为变量值，以一定时期的总值资料为权数，对个体指数加权算术平均编制总指数，称加权算术平均法。其公式为：

$$I_q=\frac{\sum K_qp_0q_0}{\sum p_0q_0} \quad （其中：K_q=\frac{q_1}{q_0}）$$

如以个体指数为变量值，以一定时期的总值资料为权数，对个体指数加权调和平均编制总指数，称加权调和平均法。其公式为：

$$I_p=\frac{\sum p_1q_1}{\sum \frac{1}{K_p}p_1q_1} \quad （其中：K_p=\frac{p_1}{p_0}）$$

学习指数因素分析法，首要的问题是构造指数体系。在统计分析中，将一系列相互联系、彼此间在数量上存在推算关系的统计指数所构成的整体称为指数体系。指数体系一般具有两个特征：其一，具备三个或三个以上的指数；其二，体系中的单个指数在数量上能相互推算。指数体系是进行因素分析的根据。利用指数体系进行因素分析应特别注意两点：第一，因素分析的对象是复杂现象，其中任一因素的变动都会影响复杂总体的变化，因素分析的目的就是要一一测定这些因素的变动对总体变动的影响方向和影响程度；第二，因素分析中的指数体系以等式形式表现，所以运用指数体系进行因素分析的基本思路是：测定某一个因素的变动时必须假定其他因素不变，并以等式来体现。如总量指标的两因素分析，其指数体系为：

$$\frac{\sum p_1q_1}{\sum p_0q_0}=\frac{\sum p_1q_1}{\sum p_0q_1}\times\frac{\sum q_1p_0}{\sum q_0p_0}$$

如平均指标的两因素分析，其指数体系为：

$$\frac{\sum x_1f_1/\sum f_1}{\sum x_0f_0/\sum f_0}=\frac{\sum x_1f_1/\sum f_1}{\sum x_0f_1/\sum f_1}\times\frac{\sum x_0f_1/\sum f_1}{\sum x_0f_0/\sum f_0}$$

如总量指标的多因素分析，其指数体系为：

$$\frac{\sum q_1m_1p_1}{\sum q_0m_0p_0}=\frac{\sum q_1m_0p_0}{\sum q_0m_0p_0}\times\frac{\sum m_1q_1p_0}{\sum m_0q_1p_0}\times\frac{\sum p_1q_1m_1}{\sum p_0q_1m_1}$$

【练习题】

（一）判断题

1.统计指数是综合反映社会经济现象总变动方向及变动幅度的相对数。（　　）

2.加权指数是计算总指数广为采用的方法，个体指数也是一种加权指数。 (　　)

3.利用指数体系理论，可以反映被研究现象的变动趋势。 (　　)

4.同度量因素在综合指数的编制中只起过渡或媒介作用。 (　　)

5.编制综合指数，可以使用非全面材料，所以也有代表性误差。 (　　)

6.使用全面资料条件下，平均指数可以理解为综合指数的一种变形。 (　　)

7.指数体系是进行因素分析的根据。 (　　)

8.指数因素分析的一个重要作用是分析在分组条件下，总平均数受各组平均水平和次数结构变动的影响方向和程度。 (　　)

9.可变构成指数=固定构成指数÷结构影响指数。 (　　)

（二）单项选择题

1.按指数的性质不同，指数可分为（　　）。

①个体指数和总指数　②简单指数和加权指数

③数量指数和质量指数　④动态指数和静态指数

2.运用编制统计指数的方法主要目的在于（　　）。

①建立指数体系　②进行因素分析

③解决复杂社会经济现象综合变动情况　④ 研究事物变动的趋势和规律

3.综合指数是计算总指数的（　　）。

①唯一的方法　②最科学的方法

③重要方法之一　④最不理想的方法

4.用综合指数编制总指数的关键问题之一是（　　）。

①确定被比对象　②确定同度量因素及其固定时期

③确定对比基期　④计算个体指数

5.在由三个指数所组成的指数体系中，两个因素指数的同度量因素通常（　　）。

①都固定在基期　②都固定在报告期

③一个固定在基期，另一个固定在报告期

④采用基期和报告期交叉

6.某厂今年生产费用比去年增长50%，产量比去年增长25%，则单位成本比去年上升（　　）。

①25%　②37.5%　③20%　④12.5%

7.某企业今年的职工工资水平比去年提高了5%，职工人数增加了2%，则该企业工资总额增长了（　　）。

①10%　②7.1%　③7%　④11%

8.劳动生产率可变构成指数为134.2%，职工人数结构影响指数为96.3%，所以劳动生产率固定构成指数为（　　）。

①139.36%　②129.23%　③71.76%　④39.36%

9.某商店商品销售额报告期和基期相同，报告期商品价格比基期提高了10%，那么报告期商品销售量比基期（　　）。

①提高10%　　②减少了9%　　③增长了5%　　④上升了11%

10.单位成本报告期比基期下降8%，产量增加8%，在这种条件下，生产总费用（　　）。

①增加了　　②减少了　　③没有变化　　④难以确定

（三）多项选择题

1.下列情况中，属于广义指数概念的有（　　）。

①不同空间同类指标之比

②同类指标实际与计划之比

③一种指标与另一有密切联系的指标之比

④同一总体的部分指标与总体指标之比

⑤同一总体的部分指标与另一部分指标之比

2.统计指数按其是否包含权数可分为（　　）。

①总指数　　②综合指数

③简单指数　　④加权指数

⑤平均指数

3.编制统计指数的作用主要有（　　）。

①综合反映现象总体变动的方向和程度

②综合反映总体的数量特征及其分布规律

③利用指数之间的联系，进行因素分析

④利用指数分析法对经济现象变化做综合评价和测定

⑤综合反映总体内部的构成和性质

4.下列指数中，属于质量指数的有（　　）。

①农产品产量总指数　　②农产品收购价格总指数

③某种工业产品成本总指数　　④全部商品批发价格指数

⑤职工工资水平指数

5.下列指数中，属于数量指数的有（　　）。

①产品产量指数　　②播种面积指数

③职工人数指数　　④成本指数

⑤物价指数

6.某地区商业企业职工今年劳动生产率指数为132%，这是（　　）。

①个体指数　　②总指数

③平均指数　　④数量指数

⑤质量指数

7.综合指数中的同度量因素（　　）。

①与平均指数中的权数是两个不同的概念

②既起同度量因素作用，又有权数的作用

③必须固定在同一个时期　　　　　　　　④其时期可以不固定

⑤又称权数

8.如果用p表示商品价格，用q表示商品的销售量，则公式$\sum p_1q_1-\sum p_0q_1$的意义是（　　）。

①综合反映价格变动和销售量变动的绝对额

②综合反映多种商品价格变动而增减的销售额

③综合反映由于价格变动而使消费者增减的货币支出额

④综合反映销售额变动的绝对额

⑤综合反映多种商品销售量变动的绝对额

9.某企业甲产品报告期单位成本为基期的120%，这一指数是（　　）。

①个体指数　　　　　　　　　　　　②数量指数

③质量指数　　　　　　　　　　　　④动态指数

⑤静态指数

10.某类产品的生产费用报告期为20万元，比基期多支出4 000元，产品的单位成本报告期综合比基期降低2%，所以（　　）。

①生产费用总指数为102%　　　　　　②单位成本总指数为2%

③产品产量总指数为104%　　　　　　④生产费用总指数为125%

11.编制总指数时，必须注意（　　）。

①综合指数一般使用全面资料

②平均指数可以使用非全面资料

③平均指数等同于综合指数

④平均指数在一定条件下可以是综合指数的变形

⑤综合指数是平均指数的变形

（四）填空题

1.用来表明同类现象在不同空间、不同时间、实际与计划对比变动情况的相对数称________指数。

2.质量指数是用来直接反映社会经济总体的________变动情况的指数。

3.编制综合指数的关键是在经济联系中寻找________而后再把它________。

4.在编制总指数的过程中，为了解决总体各要素的量不能直接相加而使用的媒介因素称________。

5.平均指标指数是两个不同时期同一经济内容的平均数之比，用以反映现象平均水平的变动程度，又称________。

6.在统计分析中，运用指数之间数量联系，测定各因素的联系程度和方向的方法称________。

7.利用指数体系，进行________是统计指数的最重要作用。

8.同样多的人民币少购10%的商品，价格指数为________。

9.指数体系中，各因素指数的________应等于总变动指数。

10.若已知$\sum p_1 q_1=120$，$\sum p_0 q_0=80$，$\sum p_0 q_1=100$，$\sum p_1 q_0=110$，则价格指数为________，销售量指数为________。

11.用综合指数法编制总指数时，确定同度量因素时期的一般原则是：数量指标总指数，以________作同度量因素；质量指标总指数，以________作同度量因素。

（五）简答或简述题

1.什么是统计指数？统计指数的作用有哪些？

2.简述统计指数的分类。

3.指数体系是什么？有什么作用？

4.什么是同度量因素？同度量因素在统计指数中有何作用？

（六）计算题

1.某商店四种主要商品的销售价格、销售量资料如下：

商品种类	单　位	销售量		价格（元）	
		基　期	报告期	基　期	报告期
甲	件	200	240	10	12
乙	千克	100	88	54	68
丙	米	410	400	26	32
丁	个	600	640	8	8

要求：（1）计算价格总指数。（2）计算销售量总指数。

2.三种商品的销售额及价格变动资料如下：

商品名称	商品销售额（元）		价格增长或降低幅度（%）
	基　期	报告期	
甲	400	450	+2
乙	300	280	−5
丙	2 000	2 200	0
合　计	2 700	2 930	—

要求：（1）计算商品价格总指数。（2）计算商品销售量总指数。

3.三种产品的出口价和出口量资料如下：

产品名称	计量单位	出口量		出口价（美元）	
		基期	报告期	基期	报告期
甲	吨	80	82	100	150
乙	件	800	1 000	80	140
丙	套	60	65	120	120

要求：从相对数和绝对数两方面分析出口价和出口量的变动对出口额的影响。

4.某企业三种产品生产情况有关资料如下：

产品名称	计量单位	产品产量		单位成本（元）	
		基期 q_0	报告期 q_1	基期 z_0	报告期 z_1
甲	件	100	140	10	8
乙	套	300	280	20	20
丙	台	700	800	12	10

要求：从相对数和绝对数两方面分析单位成本和产品产量的变动对总成本的影响。

5.某企业工人的工资资料如下：

工种	月工资水平（元）		工人人数（人）	
	基期 x_0	报告期 x_1	基期 f_0	报告期 f_1
技术工	2 640	2 760	245	250
辅助工	1 400	1 440	120	800
合　计	—	—	365	1 050

要求：分析工人工资水平和工人结构的变动对工人平均工资的影响情况。

6.假设有如下统计资料：

商品类别	物价个体指数 K_p	报告期收购额（万元）p_1q_1
大类甲		1 200
中类A		580
小类 A_1	125	210
A_2	110	140
A_3	98	230
中类B		620
小类 B_1	125	240
B_2	130	380
大类乙	120	800

要求：采用固定加权平均法和加权调和平均法编制全部商品收购价格总指数。

7.已知三种产品的单位产品原材料耗用量（单耗）、原材料价格及产量资料如下：

产品				原材料					
名称	单位	产量		名称	单位	单耗		单价（元）	
		基期	报告期			基期	报告期	基期	报告期
（1）	（2）	q_0	q_1	（3）	（4）	m_0	m_1	p_0	p_1
甲	件	100	120	铸铁	千克	8	7	18	22
乙	件	25	30	生铁	千克	10	12	15	20
丙	件	60	65	钢材	千克	3	5	40	45

要求：运用指数多因素分析原理分析产品产量、原材料单耗、原材料单价对原材料总费用的影响。

【参考答案】

（一）判断题

1.（√） 2.（×） 3.（×） 4.（×） 5.（×）
6.（√） 7.（√） 8.（√） 9.（×）

（二）单项选择题

1.③ 2.③ 3.③ 4.② 5.③
6.③ 7.② 8.① 9.② 10.②

（三）多项选择题

1.①② 2.③④ 3.①③④ 4.②③④⑤
5.①②③ 6.②③⑤ 7.①②③⑤ 8.②③
9.①③④ 10.①③ 11.①②④

（四）填空题

1.广义 2.质量内涵
3.同度量因素 固定下来 4.同度量因素
5.可变组成指数 6.因素分析法
7.因素分析 8.111.11%
9.乘积 10.120% 125%
11.基期质量指标 报告期数量指标

（五）简答或简述题

1.答：

迄今为止，统计界认为，统计指数的概念有广义和狭义两种。广义指数泛指社会经济现象数量变动的比较指标，即用来表明同类现象在不同空间、不同时间、实际与计划变动情况的相对数。狭义的指数仅指反映不能直接相加的复杂的社会经济现象在数量上综合变动情况的相对数。

统计指数的作用主要有如下三个方面：

①综合反映社会经济现象总变动方向及变动幅度；②分析现象总变动中各因素变动的影响方向及影响程度；③反映同类现象变动趋势。

2.答：

统计指数从不同角度可以做如下分类：

①按研究范围不同，可分为个体指数和总指数；

②按编制指数时是否包含权数，可分为简单指数和加权指数；

③按指数性质不同，可分为数量指数和质量指数；

④按反映的时态状况不同，可分为动态指数和静态指数。

3.答：

指数体系是由一系列相互联系、彼此间在数量上存在推算关系的统计指数所构成的整体。它的主要作用在于：①利用指数体系可以分析复杂经济总体变动中各因素变动的影响情况；②利用各指数之间的数量上的联系相互推算；③用综合指数编制总指数时，指数体系也是确定同度量因素时期的根据之一。

4.答：

在计算总指数时，为了解决复杂社会经济现象总体中各个要素不能直接相加而使用的媒介因素，统计中称为同度量因素。同度量因素在计算总指数中除了具有同度量的作用外，还具有权数的作用。

（六）计算题

1.解：

统计指数计算表

商品种类	单位	价格（元）		销售量		销售额（元）		
		基期 p_0	报告期 p_1	基期 q_0	报告期 q_1	基期 p_0q_0	报告期 p_1q_1	假定期 p_0q_1
甲	件	10	12	200	240	2 000	2 880	2 400
乙	千克	54	68	100	88	5 400	5 984	4 752
丙	米	26	32	410	400	10 660	12 800	10 400
丁	个	8	8	600	640	4 800	5 120	5 120
合　计	—	—	—	—	—	22 860	26 784	22 672

（1）价格总指数：

$$I_p=\frac{\sum p_1q_1}{\sum p_0q_1}=\frac{26\ 784}{22\ 672}=1.1814\text{或}118.14\%$$

（2）销售量总指数：

$$I_q=\frac{\sum q_1p_0}{\sum q_0p_0}=\frac{22\,672}{22\,860}=0.9918 \text{或} 99.18\%$$

2.解：

总指数计算表

商品名称	商品销售额（万元）		价格增长或降低幅度（%）	商品价格个体指数（%） $k=\frac{p_1}{p_0}$	按报告期销售量计算的销售额（万元） $\frac{p_1q_1}{k}=p_0q_1$
	基期 p_0q_0	报告期 p_1q_1			
甲	400	450	+2	102	441.18
乙	300	280	−5	95	294.74
丙	2 000	2 200	0	100	2 200.00
合计	2 700	2 930	—	—	2 935.92

（1）商品价格总指数为：

$$I_p=\frac{\sum p_1q_1}{\sum p_0q_1}=\frac{\sum p_1q_1}{\sum \frac{1}{k}p_1q_1}=\frac{2\,930}{2\,935.92}=0.998 \text{或} 99.80\%$$

（2）商品销售量总指数为：

$$I_q=\frac{\sum q_1p_0}{\sum q_0p_0}=\frac{\sum \frac{1}{k}p_1q_1}{\sum p_0q_0}=\frac{2\,935.92}{2\,700}=1.0874 \text{或} 108.74\%$$

3.解：

总指数计算表

产品名称	计量单位	出口价（美元）		出口量		出口总额（美元）		
		p_0	p_1	q_0	q_1	p_0q_0	p_1q_1	p_0q_1
甲	吨	100	150	80	82	8 000	12 300	8 200
乙	件	80	140	800	1 000	64 000	140 000	80 000
丙	套	120	120	60	65	7 200	7 800	7 800
合计	—	—	—	—	—	79 200	160 100	96 000

$$\frac{\sum p_1q_1}{\sum p_0q_0}=\frac{\sum p_1q_1}{\sum p_0q_1}\cdot\frac{\sum q_1p_0}{\sum q_0p_0}$$

$$\frac{160\,100}{79\,200}=\frac{160\,100}{96\,000}\times\frac{96\,000}{79\,200}$$

202.15%（尾数调整）=166.77%×121.21%

160 100−79 200=（160 100−96 000）+（96 000−79 200）

80 900=64 100+16 800

分析：由于出口价格上升66.77%，使出口总额增加64 100美元，由于出口量增加21.21%，使出口总额增加16 800美元，两者共同影响的结果，使三种产品的出口总额增长102.15%，即增加80 900美元。

4.解：

指数因素分析计算表

产品名称	单位成本（元）		产品产量		总成本（元）		
	基期 z_0	报告期 z_1	基期 q_0	报告期 q_1	基期 z_0q_0	报告期 z_1q_1	假定期 z_0q_1
甲	10	8	100	140	1 000	1 120	1 400
乙	20	20	300	280	6 000	5 600	5 600
丙	12	10	700	800	8 400	8 000	9 600
合计	—	—	—	—	15 400	14 720	16 600

$$\frac{\sum z_1q_1}{\sum z_0q_0}=\frac{\sum z_1q_1}{\sum z_0q_1}\cdot\frac{\sum q_1z_0}{\sum q_0z_0}$$

$$\frac{14\,720}{15\,400}=\frac{14\,720}{16\,600}\times\frac{16\,600}{15\,400}$$

95.58%=88.67%×107.79%

14 720−15 400=（14 720−16 600）+（16 600−15 400）

−680=−1 880+1 200

分析：由于单位产品成本降低11.33%，使总成本下降1 880元，由于产量增长7.79%，使总成本增加1 200元，两者共同影响的结果，使总成本降低4.42%，即减少总成本680元。

5.解：

工人平均工资变动指数分析计算表

工　种	月工资水平（元）		工人人数（人）		工资总额（元）		
	基期 x_0	报告期 x_1	基期 f_0	报告期 f_1	基期 x_0f_0	报告期 x_1f_1	假定期 x_0f_1
技术工	2 640	2 760	245	250	646 800	690 000	660 000
辅助工	1 400	1 440	120	800	168 000	1 152 000	1 120 000
合　计	—	—	365	1 050	814 800	1 842 000	1 780 000

$$\frac{\sum x_1f_1}{\sum f_1}/\frac{\sum x_0f_0}{\sum f_0}=\frac{\sum x_1f_1}{\sum f_1}/\frac{\sum x_0f_1}{\sum f_1}\cdot\frac{\sum x_0f_1}{\sum f_1}/\frac{\sum x_0f_0}{\sum f_0}$$

$$\frac{1\,842\,000}{1\,050}\div\frac{814\,800}{365}=\frac{1\,842\,000}{1\,050}\div\frac{1\,780\,000}{1\,050}\times\frac{1\,780\,000}{1\,050}\div\frac{814\,800}{365}$$

$$\frac{1\,754.29}{2\,232.33}=\frac{1\,754.29}{1\,695.24}\times\frac{1\,695.24}{2\,232.33}$$

78.59%（尾数调整）=103.48%×75.94%

1 754.29−2 232.33=（1 754.29−1 695.24）+（1 695.24−2 232.33）

−478.04=59.05+（−537.09）

分析：由于工人月工资水平上升3.48%，使工人总平均工资增加59.05元，由于工人结构变动，使总平均工资降低24.06%，使工人总平均工资减少537.09元，两者共同影响的结果，使其企业工人总平均工资降低21.41%，即减少478.04元。

6.解：

（1）固定加权平均法：

中类A商品价格指数 $I_p=\frac{\sum kw}{\sum w}=\frac{125\times 36.20\%+110\times 24.14\%+98\times 39.66\%}{100\%}$

$=\frac{4\,525+2\,655.4+3\,886.68}{10\,000}$

$=\frac{11\,067.08}{10\,000}=1.1067$ 或 110.67%

中类B商品价格指数 $I_p=\frac{\sum kw}{\sum w}=\frac{125\times 38.71\%+130\times 61.29\%}{100\%}$

$=\frac{4\,838.75+7\,967.7}{10\,000}$

$=\frac{12\,806.45}{10\,000}=1.2806$ 或 128.06%

大类甲商品价格指数 $I_p=\frac{\sum kw}{\sum w}=\frac{110.67\times 48.33\%+128.06\times 51.67\%}{100\%}$

$=\frac{5348.6811+6\,616.8602}{10\,000}=\frac{11\,965.54}{10\,000}=1.1966$ 或 119.66%

全部商品收购价格总指数 $I_p=\frac{\sum kw}{\sum w}=\frac{119.66\times 60\%+120\times 40\%}{100\%}$

$=\frac{7\,179.61+4\,800}{10\,000}=\frac{11979.6}{10\,000}$

=1.1980 或 119.80%

（2）加权调和平均法：

先计算：

中类A商品价格指数 $I_p=\frac{\sum p_1q_1}{\sum \frac{1}{k}p_1q_1}=\frac{210+140+230}{\frac{210}{1.25}+\frac{140}{1.10}+\frac{230}{0.98}}=\frac{580}{530}=1.0943$ 或 109.43%

中类B商品价格指数 $I_p=\frac{\sum p_1q_1}{\sum \frac{1}{k}p_1q_1}=\frac{240+380}{\frac{240}{1.25}+\frac{380}{1.30}}=\frac{620}{484}=1.2810$ 或 128.10%

再计算大类商品价格指数：

$I_p=\frac{\sum p_1q_1}{\sum \frac{1}{k}p_1q_1}=\frac{580+620}{\frac{580}{1.0943}+\frac{620}{1.2810}}=\frac{1\,200}{1\,014}=1.1834$ 或 118.34%

最后计算全部商品收购价格总指数：

$$I_p=\frac{\sum p_1q_1}{\sum \frac{1}{k}p_1q_1}=\frac{1\,200+800}{\frac{1\,200}{1.1834}+\frac{800}{1.20}}=\frac{2\,000}{1681}=1.1898 \text{ 或 } 118.98\%$$

7.解：

指数多因素分析计算表

产品名称	原材料	单耗（千克）		原材料单价（元）		产量（件）		原材料费用总额（元）			
		m_0	m_1	p_0	p_1	q_0	q_1	$m_0p_0q_0$	$m_1p_1q_1$	$q_1m_0p_0$	$q_1m_1p_0$
甲	铸铁	8	7	18	22	100	120	14 400	18 480	17 280	15 120
乙	生铁	10	12	15	20	25	30	3 750	7 200	4 500	5 400
丙	钢材	3	5	40	45	60	65	7 200	14 625	7 800	13 000
合　计	—	—	—	—	—	—	—	25 350	40 305	29 580	33 520

$$\frac{\sum q_1m_1p_1}{\sum q_0m_0p_0}=\frac{\sum q_1m_0p_0}{\sum q_0m_0p_0}\cdot\frac{\sum q_1m_1p_0}{\sum q_1m_0p_0}\cdot\frac{\sum q_1m_1p_1}{\sum q_1m_1p_0}$$

$$\frac{40\,305}{25\,350}=\frac{29\,580}{25\,350}\times\frac{33\,520}{29\,580}\times\frac{40\,305}{33\,520}$$

159.00%=116.69%×113.32%×120.24%

（40 305−25 350）=（29 580−25 350）+（33 520−29 580）+（40 305−33 520）

14 955=4 230+3 940+6 785

分析：由于产量提高16.69%，原材料总费用增加4 230元；由于单耗上升13.32%，原材料总费用增加3 940元；由于原材料单价上涨20.24%，原材料总费用增加6 785元。三个因素共同作用（或影响）的结果，使原材料费用总额上升59.00%，增加费用额14 955元。

第八章　抽样调查与推断

【学习目的和要求】

抽样调查是按随机原则从被调查总体中抽取一部分单位进行调查的一种非全面调查。它既节省人力、物力、财力，又有一定的可靠性。抽样调查是发达国家搜集统计资料最主要的方式，在我国也日益受到重视，它在世界各国的科学研究、社会经济管理、工商企业经营、产品质量管理等方面被广泛使用。通过本章学习，要明确抽样调查的概念、特点和作用；理解抽样误差的影响因素；掌握抽样平均误差的计算方法，抽样估计推断和必要抽样数目的确定原理及方法；初步具备在实际工作中正确运用抽样方法搜集资料并据以做出准确推断的能力。

【重点、难点问题解析】

本章的重点内容包括：

（一）抽样调查的特点和作用

抽样调查具有按随机原则抽取调查单位、由部分推断全体、抽样误差可以事先计算并加以控制等三个主要特点，由此决定了抽样调查具有时效性强、适应面广、经济灵活又具有一定的科学性和可靠性等优点，在实践中得到了极为广泛的应用。

其主要作用是：（1）用于不可能进行全面调查的现象的推断；（2）用于不必进行全面调查的现象的推断；（3）对全面调查资料的评价与修正；（4）对工业生产过程实施质量控制。

（二）抽样调查的组织方式和方法

抽样的组织方式主要有简单随机抽样、分层抽样、等距抽样和整群抽样四种：

1.简单随机抽样（纯随机抽样）。简单随机抽样是对总体各单位不作任何分类排序，而直接从总体中随机地抽取一部分单位来组成样本。在抽样之前，必须先将总体各个单位进行编码，然后按随机原则用抽签或随机数表的方法来抽取若干数码，所有中选数码所对应的单位即构成样本。在抽取调查单位时，可以按照重复或不重复两种方法抽样。这两种抽样方法的随机性、可能组成的样本数目、样本的代表性以及抽样误差均有所不同。

2.分层抽样（类型抽样）。分层抽样是先将总体按某个主要标志进行分组（或分类），再按随机原则从各组中抽取样本单位。样本单位数在各组之间的分配有等数分配、等比例分配和不等比例分配三种方法。由于分层抽样通过分组把总体中标志值比较接近的单位归为一组，使各单位的分布比较均匀，并且保证每组有同等被抽选的机会，从而使样本的结构趋近于总体的结构，提高了所选样本的代表性，因此可以取得良好的抽样效果。

3.等距抽样。等距抽样是将总体各单位按某一标志顺序排列，然后按固定顺序和相等距离或间隔来抽取样本单位。按无关标志排列的等距抽样与简单随机抽样相类似，按有关标志排列的等距抽样与分层抽样相类似。

4.整群抽样。整群抽样是将总体各单位按时间或空间形式划分成许多群，然后按简单随机抽样或等距抽样方式从中抽取部分群，并对中选群的所有单位进行全面调查。它的优点是易于组织和节省调查费用，缺点是调查的总体单位过于集中在少数样本群中。因此，在条件相同的情况下，整群抽样的样本代表性较低，通常要用扩大样本群的数目来弥补这个缺点。

（三）抽样误差的概念与计算

1.实际抽样误差。在没有登记性误差和系统性误差的前提下，抽样指标与总体未知真值之间的离差，就叫实际抽样误差。

2.抽样平均误差。抽样平均误差是指以全部可能样本指标为变量，以总体指标为期望计算得到的标准差。其理论公式为：

$$\mu_{\hat{\theta}}=\sqrt{\frac{\sum(\text{样本指标}-\text{总体指标})^2}{\text{可能组成的样本总数}}}$$

简单随机抽样下抽样平均误差的计算公式为：

抽样平均数的平均误差：

（1）在重复抽样条件下：$\mu_{\bar{x}}=\sqrt{\frac{\sigma^2}{n}}=\frac{\sigma\sqrt{n}}{n}=\frac{\sigma}{\sqrt{n}}$

（2）在不重复抽样条件下：$\mu_{\bar{x}}=\sqrt{\frac{\sigma^2}{n}\left(1-\frac{n}{N}\right)}$

抽样成数的平均误差：

（1）在重复抽样条件下：$\mu_p=\sqrt{\frac{p(1-p)}{n}}$

（2）在不重复抽样条件下：$\mu_p=\sqrt{\frac{p(1-p)}{n}\left(1-\frac{n}{N}\right)}$

3.极限抽样误差。极限抽样误差是指样本指标与总体指标之间的抽样误差的可能范围。其计算公式为：

$$\Delta_{\hat{\theta}}=t\mu_{\hat{\theta}}$$

（四）抽样推断方法

1.点估计。点估计就是以抽样得到的样本指标作为总体指标的估计量，并以样本指标的实际值直接作为总体未知参数的估计值的一种推断方法。点估计量优良性的评价准则有无偏性、有效性和一致性三个。

2.区间估计。区间估计就是以一定的概率保证估计出包含总体参数的一个值域的一种统计推断方法。置信区间为：

$\bar{x}-\Delta_{\bar{x}} \leq \bar{X} \leq \bar{x}+\Delta_{\bar{x}}$

$p-\Delta_p \leq P \leq p+\Delta_p$

（五）必要抽样数目的确定方法

1.推断总体平均数所需要的抽样数目。

（1）在重复抽样条件下：

$$n_{\bar{x}}=\frac{t^2\sigma^2}{\Delta_{\bar{x}}^2}$$

（2）在不重复抽样条件下：

$$n_{\bar{x}}=\frac{t^2\sigma^2 N}{N\Delta_{\bar{x}}^2+t^2\sigma^2}$$

2.推断总体成数所需要的抽样数目。

（1）在重复抽样条件下：

$$n_p=\frac{t^2p(1-p)}{\Delta_p^2}$$

（2）在不重复抽样条件下：

$$n_p=\frac{t^2p(1-p)N}{N\Delta_p^2+t^2p(1-p)}$$

可见，必要的抽样数目受总体方差、推断的精确度和可靠性、抽样的组织方式和方法等因素的影响。

上述公式中，总体指标σ、p常常未知，可以用相应的历史数据、经验数据或抽样指标s等来代替。

【练习题】

（一）判断题

1.抽样调查的着眼点就在于对样本数量特征的认识。（　）

2.极限抽样误差总是大于抽样平均误差。（　）

3.扩大抽样误差的范围，可以提高推断的把握程度；缩小抽样误差的范围，则会降低推断的把握程度。（　）

4.总体指标是随机变量，样本指标也是随机变量，因此两者之间会产生误差。（　）

5.缩小抽样误差范围，则抽样调查的精确度就会提高。（　）

6.根据样本总体各单位的标志值或标志特征计算的综合指标称为样本指标。（　）

7.纯随机抽样就是先对总体进行分类再遵循随意性原则抽选样本。（　）

8.不同的抽样组织方式下，计算抽样平均误差应该采取不同的公式。（　）

9.进行分层抽样时，首先要对总体做分类（组），然后从每类（组）中按简

单随机抽样的方式抽取样本，因此类型抽样的抽样误差小于简单随机抽样的抽样误差。（ ）

10.运用区间估计的方法，可以根据样本估计值$\bar{x}$和p，精确地推断出总体参数$\bar{X}$和P所在的范围。（ ）

11.由于抽样调查中既有登记误差又有抽样误差，所以只有登记误差的全面调查准确性高。（ ）

12.抽样误差在抽样推断中是不可避免的。（ ）

13.重复抽样的抽样误差一定大于不重复抽样的抽样误差。（ ）

（二）单项选择题

1.在抽样推断中，必须遵循（ ）抽取样本。

①随意原则 ②随机原则 ③可比原则 ④对等原则

2.能够事先加以计算和控制的误差是（ ）。

①抽样误差 ②登记误差 ③系统性误差 ④测量误差

3.极限误差与抽样平均误差数值之间的关系为（ ）。

①前者一定小于后者 ②前者一定大于后者

③前者一定等于后者

④前者既可以大于后者，也可以等于或小于后者

4.抽样调查的主要目的在于（ ）。

①计算和控制抽样误差 ②了解全及总体单位的情况

③用样本来推断总体 ④对调查单位做深入的研究

5.某企业进行连续性生产，为检查产品质量，在24小时中每隔30分钟取下1分钟内生产的产品进行全部检查，这是（ ）。

①整群抽样 ②简单随机抽样 ③类型抽样 ④纯随机抽样

6.在抽样调查中（ ）。

①既有登记误差，也有代表性误差

②既无登记误差，也无代表性误差

③只有登记误差，没有代表性误差

④没有登记误差，只有代表性误差

7.在抽样调查中，无法避免的误差是（ ）。

①登记误差 ②系统性误差 ③计算误差 ④抽样误差

8.置信区间的大小表达了区间估计的（ ）。

①可靠性 ②准确性 ③显著性 ④及时性

9.抽样推断中的概率保证程度表达了区间估计的（ ）。

①显著性 ②准确性 ③可靠性 ④规律性

10.抽样平均误差反映了样本指标与总体指标之间的（ ）。

①可能误差范围 ②平均误差程度

③实际误差 ④实际误差的绝对值

11. 样本指标和总体指标中（　　）。

①前者是个确定值，后者是个随机变量

②前者是个随机变量，后者是个确定值

③两者均是确定值

④两者均是随机变量

12. 对标志变异程度较大的总体进行抽样调查时，宜采用（　　）。

①纯随机抽样　　②等距抽样　　③类型抽样　　④整群抽样

13. 在抽样前，需对全及总体单位一一编列序号的抽样组织方式是（　　）。

①纯随机抽样　　②机械抽样　　③类型抽样　　④整群抽样

14. 抽样平均误差是（　　）。

①全部样本指标的平均数　　②全部样本指标的平均差

③全部样本指标的标准差　　④全部样本指标的标志变异系数

15. 成数方差的最大值，是当P值趋近于（　　）时。

① 0.1　　② 0.9　　③ 0.8　　④ 0.5

16. 计算必要抽样数目时，若总体方差（σ^2）未知，应当从几个可供选择的样本方差中挑选出数值（　　）。

①最小的　　②任意的　　③最大的　　④适中的

17. 在同等条件下，重复抽样与不重复抽样相比较，其抽样平均误差（　　）。

①前者小于后者　　②前者大于后者

③两者相等　　④无法确定哪一个大

18. 在其他条件保持不变的情况下，抽样平均误差（　　）。

①随着抽样数目的增加而加大　　②随着抽样数目的增加而减少

③随着抽样数目的减少而减少　　④不会随抽样数目的改变而变动

19. 允许误差反映了样本指标与总体指标之间的（　　）。

①抽样误差的平均数　　②抽样误差的标准差

③抽样误差的可靠程度　　④抽样误差的可能范围

20. 根据组（群）间方差的资料计算抽样平均误差的抽样组织方式是（　　）。

①纯随机抽样　　②机械抽样

③类型抽样　　④整群抽样

21. 若总体平均数 $\bar{X}=50$，在一次抽样调查中测得 $\bar{x}=48$，则以下说法中正确的是（　　）。

①抽样极限误差为2　　②抽样平均误差为2

③抽样实际误差为2　　④以上都不对

22. 对于分层抽样，以下说法正确的是（　　）。

①不同类别的单位被抽中的概率可能不相等

②分层抽样误差只受层间方差的影响，不受层内方差的影响

③分层抽样在分层时应使各层之间的差异尽可能小

④由于在分层时使用了一些辅助信息，因此分层抽样违背了随机原则

23.从2 000名学生中按不重复抽样方法抽取了100名进行调查，其中有女生45名，则样本成数的抽样平均误差为（　　）。

① 0.24%　　② 4.85%　　③ 4.97%　　④以上都不对

24.从1、2、3、4、5五个数构成的总体中不重复地随机抽取两个作为样本，则对于所有可能样本的样本均值，以下说法中正确的是（　　）。

①样本均值的实际抽样误差的最大值为2

②样本均值为3的概率是25%

③样本均值为3的概率为40%

④以上都不对

（三）多项选择题

1.抽样调查的特点有（　　）。

①按随意原则抽取样本　　②按随机原则抽取样本

③由部分推断总体　　④可以事先计算并控制抽样误差

⑤缺乏科学性和可靠性

2.简单随机抽取调查单位时其方法有（　　）。

①纯随机抽样　　②等距抽样　　③重复抽样

④不重复抽样　　⑤整群抽样

3.按组织方式不同，抽样调查有（　　）。

①纯随机抽样　　②等距抽样　　③类型抽样

④整群抽样　　⑤不重复抽样和重复抽样

4.假设从6个人的总体中随机抽取2个人进行调查，可能有15个样本组合，所以说（　　）。

①样本指标是随机变量　　②总体指标是随机变量

③样本指标是唯一确定的　　④总体指标是唯一确定的

⑤样本指标是样本变量的函数

5.抽样调查中的抽样误差是（　　）。

①不可避免的　　②可以避免的

③可以事先计算并加以控制的　　④抽样估计值与总体参数值之差

⑤受总体标志变动程度的影响的

6.影响抽样误差的主要因素有（　　）。

①抽样数目的多少　　②总体标志变异程度的大小

③不同的组织方式　　④抽样周期的长短

⑤不同抽样方法

7.要提高抽样推断的精确度，可采用的方法有（　　）。

①增加样本数目　　②减少样本数目

③缩小总体被研究标志的变异程度　　④改善抽样的组织方式

⑤改善抽样的方法

8.要增大抽样推断的概率保证程度，可采用的方法有（　　）。

①增加抽样数目　②增大概率度（t）

③增大抽样误差范围　④缩小抽样误差范围

⑤缩小概率度（t）

9.影响抽样数目的主要因素有（　　）。

①总体被研究标志的变异程度大小　②抽样的组织方式

③对推断精确度的要求　④对推断把握程度的要求

⑤抽取调查单位的方法

10.在简单重复随机抽样条件下，欲使误差范围缩小1/2，其他要求保持不变，则样本容量必须（　　）。

①增加2倍　②增加3倍　③增加到4倍

④减少2倍　⑤减少3倍

11.在区间估计中，如果其他条件保持不变，概率保证程度与精确度之间存在下列关系：（　　）。

①前者愈低，后者也愈低　②前者愈高，后者也愈高

③前者愈低，后者愈高　④前者愈高，后者愈低

⑤两者呈相反方向变化

12.总体平均数的准确值（　　）。

①等于全部可能样本平均数的平均数

②通过抽样调查可以推算出来

③等于样本平均数加一个抽样平均误差

④等于样本平均数减一个抽样平均误差

⑤通过抽样调查推算不到

13.当抽样的误差范围扩大时（　　）。

①抽样推断的把握程度随之提高　②抽样推断的把握程度随之降低

③抽样推断的精确度提高　④抽样推断的精确度降低

⑤抽样推断的把握程度和精确度均保持不变

14.由于以下原因引起的误差中，不属于抽样误差的是（　　）。

①被调查者隐瞒了自己的非法收入，将自己的月收入填报为1 000元

②由于调查员的失误，将数字1 568填报为1 658

③入户调查时被调查者不在家，调查员根据自己的估计将户主的收入填报为1 500元

④调查者按自己的主观愿望选择样本单位所造成的误差

⑤以上都不对

15.根据抽样调查，某地区10户居民家庭月消费（元）与月收入的资料，配合了反映家庭消费收入关系的回归方程。当置信度为95%、月收入为1 500元时，y_0

的置信区间为975～1 225元，这表示（　　）。

①月收入1 500元的10户家庭月消费介于975～1 225元之间

②该地区所有家庭月消费在975～1 225元之间

③该地区有95%的家庭月消费在975～1 225元之间

④有95%的把握断言该地区月收入为1 500元的家庭月消费介于975～1 225元之间

⑤该地区月收入为1 500元的家庭月消费不在975～1 225元之间的概率为5%

16.评价点估计量优良性的准则有（　　）。

①精确性　　②无偏性　　③有效性　　④一致性　　⑤可靠性

17.在实际抽样调查中，选取样本常采用（　　）。

①考虑顺序的重复抽样方法　　②不考虑顺序的重复抽样方法

③考虑顺序的不重复抽样方法　　④不考虑顺序的不重复抽样方法

⑤重复抽样或不重复抽样方法

（四）填空题

1.抽样调查是按照________从总体中抽取一部分单位进行观测，并根据这部分单位的资料推断________的一种方法。

2.抽样调查的组织方式主要有________、等距抽样、________和整群抽样等四种。

3.在抽样推断中，按照随机原则从总体中抽取出来的那一部分单位叫作________。

4.简单随机抽样在抽取样本单位时有重复抽样和________两种不同的方法。

5.对被研究标志变动较大的总体进行抽样推断时，宜采用________的组织方式。

6.置信区间的大小表达了区间估计的________。

7.总体指标与抽样指标相比较，前者是一个确定值，后者是________。

8.________是抽样调查中不可避免的误差。

9.抽样推断中的概率保证程度表达了区间估计的________。

10.抽样平均误差是全部样本指标的________。

11.提高估计准确性的要求，估计的概率保证程度会随之________。

12.总体指标的区间估计必须具备________、误差范围和________三个基本要素。

13.简单重复抽样情况下，如果其他条件保持不变，仅将误差范围缩小$\frac{1}{2}$，则抽样单位数目必须________；若将误差范围扩大一倍，则抽样单位数目将________。

14.________反映了样本指标与总体指标之间的抽样误差的可能范围。

15.________反映了样本指标与总体指标之间的平均误差程度。

（五）简答或简述题

1.抽样调查中的随机原则是指什么？

2.抽样推断时为什么必须遵循随机原则抽取样本？

3.抽样调查有哪些主要作用？

4.重复抽样与不重复抽样有什么不同？

5.在实际中，抽样调查多采用不重复抽样方法抽取样本，但在计算抽样平均误差时也可以采用重复抽样条件下的公式，原因何在？

6.点估计与区间估计有什么区别？

（六）计算题

1.一批商品（10 000件）运抵仓库，随机抽取100件检验其质量，发现有10件不合格。试按重复与不重复抽样分别计算合格率抽样平均误差。

2.某厂生产彩色电视机，按不重复抽样方法从一批出厂产品中抽取1%的产品进行质量检验，取得如下资料：

正常工作时间（千小时）	电视机（台）
6～8	15
8～10	30
10～12	50
12～14	40
14～16	9
合　计	144

要求：计算抽样平均误差。（提示：$\sum x^2f=18\ 000$，$S^2=\overline{x^2}-\bar{x}^2$）

3.对某县某种粮食作物做了一次类型比例（5%）抽样调查，整理得到下列资料：

按自然条件分组	抽样面积（公顷）n_i	平均单产（千克）$\bar{x}_i$	单产标准差（千克）S_i
山　地	120	140	64
丘　陵	200	180	70
平　原	80	200	42
合　计	400	—	—

要求：计算抽样平均误差。

4.一批货物（1 800箱，24件/箱）运抵仓库，随机抽取2%进行检验，获得下列资料：

平均每件重量（克）	抽样数目（箱）
500～540	3
540～580	5
580～620	6
620～660	10
660～700	7
700～740	5
合　计	36

要求：计算抽样平均误差。

5.利用第1题的资料，以95.45%的概率保证程度对该批商品的合格率作出区间估计。

6.根据第2题的资料，对该厂生产的这批彩色电视机的正常工作时间作出区间估计。如果规定彩色电视机的正常工作时间在12 000小时以上为一级品，试对该厂这批出厂产品的一级品率作出区间估计。（F（t）=95%）

7.对某鱼塘的鱼进行抽样调查。从鱼塘的不同部位同时撒网捕到鱼150条，其中草鱼123条，草鱼平均每条重2千克，标准差0.75千克。试按99.73%的保证程度：（1）对该鱼塘草鱼平均每条重量做区间估计；（2）对该鱼塘草鱼所占比重做区间估计。

8.对某型号电子元件10 000只进行耐用性能检查。根据以往抽样测定，求得耐用时数的标准差为600小时。试求：（1）概率保证程度为68.27%，元件平均耐用时数的误差范围不超过150小时，重复抽样要抽取多少元件做检查？（2）根据以往抽样检验知道，元件合格率为95%，合格率的标准差为21.8%，要求在99.73%的概率保证下，允许误差不超过4%，重复抽样所需抽取的元件数目是多少？如果其他条件均保持不变，采用不重复抽样应抽取多少元件做检查？

9.按第8题所给的资料和计算结果，若误差范围缩小$\frac{1}{3}$，其他条件保持不变，采用重复抽样和不重复抽样的方法进行调查，分别需要抽取多少样本？

10.根据第1题的资料，若误差范围缩小$\frac{1}{3}$，概率保证程度为99.73%，其他条件保持不变，用重复抽样和不重复抽样的方法分别需要从总体中抽取多少件产品进行调查？

11.根据第2题的资料，若误差范围缩小$\frac{1}{2}$，其他条件保持不变，则估计彩色电视机的正常工作时间和一级品率的区间需要抽取多少台电视机进行检验？（F（t）=95.45%）

【参考答案】

（一）判断题

1.（×）　2.（×）　3.（√）　4.（×）　5.（√）
6.（√）　7.（×）　8.（√）　9.（√）　10.（×）
11.（×）　12.（√）　13.（√）

（二）单项选择题

1.②　2.①　3.④　4.③　5.①
6.①　7.④　8.②　9.③　10.②
11.②　12.③　13.①　14.③　15.④
16.③　17.②　18.②　19.④　20.④
21.③　22.①　23.②　24.④

（三）多项选择题

1.②③④　2.③④　3.①②③④　4.①④⑤
5.①③④⑤　6.①②③⑤　7.①④⑤　8.①②③
9.①②③④⑤　10.②③　11.③④⑤　12.①⑤
13.①④　14.①②③④　15.④⑤　16.②③④
17.①④

（四）填空题

1.随机原则　总体的数量特征
2.纯随机抽样（简单随机抽样）　分层抽样
3.样本（样本总体或子样）　4.不重复抽样
5.分层抽样　6.精确度
7.一个随机变量　8.抽样误差
9.可靠性　10.标准差
11.降低　12.估计值　概率保证程度
13.增加3倍（扩大到原来的4倍）　只需原来的$\frac{1}{4}$（减少$\frac{3}{4}$）
14.允许误差（极限抽样误差）　15.抽样平均误差

（五）简答或简述题

1.答：

随机原则是指在抽取调查单位时，既不受调查者主观愿望的影响，也不取决于被调查者是否愿意合作，完全排除人们主观意识的影响，使总体中的每个单位都有同等被抽中的机会，抽选与否纯粹是偶然事件。

2.答：

只有遵循随机原则从总体中抽取样本，才能排除主观因素等非随机因素对抽样调查的影响，从而使样本单位的分布接近总体单位的分布，样本对总体才具有较大的代表性。这样，根据样本的调查资料来估计和推断总体的数量特征才能较为科学和准确。

3.答：

抽样调查科学、经济、时效性强，被广泛应用于社会生活的各个方面和领域：(1) 对于那些不可能进行全面调查的现象，只能采用抽样调查；(2) 对于那些不必要进行全面调查的现象，宜采用抽样进行调查；(3) 利用抽样调查，可以对全面调查的资料进行评价与修正；(4) 利用抽样调查，可以对工业生产过程的质量实施控制。

4.答：

两者的不同表现在四个方面：

(1) 随机性稍有不同。重复抽样时，从抽取第一个单位直至第n个单位，每次总体中始终保持N个单位可供抽选，每个单位被选中的机会也始终相等，都是$\frac{1}{N}$。不重复抽样时，抽取第一个单位时，总体中有N个单位可供抽选，每个单位被抽中的机会是$\frac{1}{N}$；抽取第二个单位时，总体中剩下N-1个单位，每个单位被抽中的机会变为$\frac{1}{N-1}$……以此类推。

(2) 可能组成的样本总数不同。从单位数为N的总体中抽取n个单位作样本，重复抽样有N^n种可能的样本组合，不重复抽样有C_N^n种可能的样本组合。

(3) 样本的代表性不同。重复抽样的样本单位有可能被重复抽取，其样本单位在总体中的普及程度比不重复抽样低，因而样本的代表性也较不重复抽样样本的代表性差一些。

(4) 抽样误差不同。同等条件下，重复抽样的误差总是大于不重复抽样的误差。

5.答：

从抽样平均误差的计算公式看，不重复抽样比重复抽样多乘一个系数$(1-\frac{n}{N})$。但在实际中，全及总体的单位数N通常很大，而抽样单位数n相对较小，$\frac{n}{N}$的值越接近于0，$(1-\frac{n}{N})$的值就越接近于1。这样，利用两个公式计算出来的抽样平均误差相差甚小，一般不会影响到调查结果的判断分析。为了简化，对不重复抽样的情况也可以采用重复抽样的公式来计算抽样平均误差。

6.答：

点估计是以抽样得到的样本指标作为总体指标的估计量，并以样本指标的实际值直接作为总体未知参数的估计值的一种推断方法；区间估计则是根据抽样指标和抽样平均误差推断总体指标的可能范围，它既说明推断的准确程度，同时也表明了推断结果的可靠程度。可见，点估计所推断的总体指标是一个确定的数值，而区间估计所推断的总体指标是一个数值域，这个值域受样本指标、极限误差和样本单位数等因素的影响。

（六）计算题

1.解：

$$p=\frac{100-10}{100}=\frac{90}{100}=90\%$$

重复抽样条件下：$\mu_p=\sqrt{\frac{p(1-p)}{n}}=\sqrt{\frac{90\%\times10\%}{100}}=3\%$

不重复抽样条件下：

$$\mu_p=\sqrt{\frac{p(1-p)}{n}\left(1-\frac{n}{N}\right)}=\sqrt{\frac{90\%\times10\%}{100}\left(1-\frac{100}{10\,000}\right)}=2.98\%$$

2.解：

$$\bar{x}=\frac{\sum xf}{\sum f}=\frac{1\,580}{144}=10.972\text{（千小时）}$$

$$S^2=\overline{x^2}-\bar{x}^2=\frac{18\,000}{144}-10.972^2=4.615$$

$$\mu_{\bar{x}}=\sqrt{\frac{S^2}{n}\left(1-\frac{n}{N}\right)}=\sqrt{\frac{4.615}{144}\times(1-1\%)}=0.178\text{（千小时）}$$

3.解：

$$\bar{x}=\frac{\sum \bar{x}_i n_i}{n}=\frac{140\times120+180\times200+200\times80}{400}=172\text{（千克）}$$

$$\overline{S^2}=\frac{\sum S_i^2 n_i}{n}=\frac{64^2\times120+70^2\times200+42^2\times80}{400}=4\,031.6$$

$$\mu_{\bar{x}}=\sqrt{\frac{\overline{S^2}}{n}\left(1-\frac{n}{N}\right)}=\sqrt{\frac{4\,031.6}{400}\times(1-5\%)}=3.094\text{（千克）}$$

4.解：

$$\bar{x}=\frac{\sum x_i r_i}{r}=\frac{22\,720}{36}=631.1\text{（克）}$$

$$\delta_{\bar{x}}^2=\frac{\sum(x_i-\bar{x})^2 r_i}{r}=\frac{125\,156}{36}=3\,477$$

$$\mu_{\bar{x}}=\sqrt{\frac{\delta_{\bar{x}}^2}{r}\left(1-\frac{r}{R}\right)}=\sqrt{\frac{3\,477}{36}\times\left(1-\frac{36}{1\,800}\right)}=9.729\text{（克）}$$

5.解：

$F(t)=95.45\%$　　$t=2$

重复抽样条件下：

$\Delta_p=t\cdot\mu_p=2\times3\%=6\%$

根据公式：

$p-\Delta_p\leqslant P\leqslant p+\Delta_p$

$90\%-6\%\leqslant P\leqslant 90\%+6\%$，即 $84\%\leqslant P\leqslant 96\%$

不重复抽样条件下：

$\Delta_p=t\cdot\mu_p=2\times2.98\%=5.96\%$

$90\%-5.96\%\leq P\leq 90\%+5.96\%$，即 $84.04\%\leq P\leq 95.96\%$

6.解：

$F(t)=95\%\qquad t=1.96$

$\Delta_{\bar{x}}=t\cdot\mu_{\bar{x}}=1.96\times0.178=0.349$（千小时）

$\because \bar{x}-\Delta_{\bar{x}}\leq\bar{X}\leq\bar{x}+\Delta_{\bar{x}}$

$\therefore 10.972-0.349\leq\bar{X}\leq10.972+0.349$

即该厂生产的彩色电视机的正常工作时间为10.623千小时～11.321千小时。

$p=\frac{40+9}{144}\times100\%=34\%$

$\Delta_p=t\cdot\mu_p=t\sqrt{\frac{p(1-p)}{n}\left(1-\frac{n}{N}\right)}=1.96\times\sqrt{\frac{34\%\times66\%}{144}\times(1-1\%)}=7.698\%$

$34\%-7.698\%\leq P\leq 34\%+7.698\%$

即该批彩色电视机的一级品率为26.302%～41.698%。

7.解：

$n_1=123\qquad n=150\qquad \bar{x}_1=2\qquad S_1=0.75\qquad F(t)=99.73\%\qquad t=3$

（1）该鱼塘草鱼平均每条重量$\bar{X}_1$的置信区间为：

$\bar{x}_1\pm t\cdot\frac{S_1}{\sqrt{n_1}}=2\pm3\times\frac{0.75}{\sqrt{123}}$

即 $2-3\times\frac{0.75}{\sqrt{123}}\leq\bar{X}_1\leq2+3\times\frac{0.75}{\sqrt{123}}$

$\therefore 1.797\leq\bar{X}_1\leq2.203$

（2）$p=\frac{n_1}{n}=\frac{123}{150}\times100\%=82\%$

该鱼塘草鱼所占比重P的置信区间为：

$p\pm t\cdot\sqrt{\frac{p(1-p)}{n_1}}=82\%\pm3\times\sqrt{\frac{82\%\times18\%}{123}}$

即 $82\%-3\times\sqrt{\frac{82\%\times18\%}{123}}\leq P\leq82\%+3\times\sqrt{\frac{82\%\times18\%}{123}}$

$\therefore 71.61\%\leq P\leq92.39\%$

8.解：

（1）推断电子元件平均耐用时数所需要的抽样数目$n_{\bar{x}}$为：

重复抽样：$n_{\bar{x}}=\frac{t^2\sigma^2}{\Delta_{\bar{x}}^2}=\frac{1^2\times600^2}{150^2}=16$（件）

不重复抽样：$n_{\bar{x}}=\frac{Nt^2\sigma^2}{N\Delta_{\bar{x}}^2+t^2\sigma^2}=\frac{10\,000\times1^2\times600^2}{10\,000\times150^2+1^2\times600^2}\approx16$（件）

（2）推断电子元件合格率所需要的抽样数目n_p时：

重复抽样：$n_p=\frac{t^2P(1-P)}{\Delta_p^2}=\frac{3^2\times95\%\times5\%}{(4\%)^2}\approx268$（件）

不重复抽样：$n_p=\frac{Nt^2P(1-P)}{N\Delta_p^2+t^2P(1-P)}=\frac{10\,000\times3^2\times95\%\times5\%}{10\,000\times(4\%)^2+3^2\times95\%\times5\%}\approx261$（件）

即要推断电子元件的平均耐用时数，采用不重复抽样或重复抽样均至少要抽取16件进行调查（t=1）；要推断电子元件的合格率，采用重复抽样需抽取268件进行调查（t=3），采用不重复抽样需抽取261件进行调查（t=3）。

9.解：

（1）重复抽样条件下：

$$n_{\bar{x}}=\frac{t^2\sigma^2}{\Delta_{\bar{x}}^2}=\frac{1^2\times600^2}{(\frac{2}{3}\times150)^2}=36（件）$$

$$n_p=\frac{t^2P(1-P)}{\Delta_p^2}=\frac{3^2\times95\%\times5\%}{(\frac{2}{3}\times4\%)^2}\approx602（件）$$

（2）不重复抽样条件下：

$$n_{\bar{x}}=\frac{Nt^2\sigma^2}{N\Delta_{\bar{x}}^2+t^2\sigma^2}=\frac{10\,000\times1^2\times600^2}{10\,000\times(\frac{2}{3}\times150)^2+1^2\times600^2}\approx36（件）$$

$$n_p=\frac{Nt^2P(1-P)}{N\Delta_p^2+t^2P(1-P)}=\frac{10\,000\times3^2\times95\%\times5\%}{10\,000\times(\frac{2}{3}\times4\%)^2+3^2\times95\%\times5\%}\approx568（件）$$

即如果其他条件均不改变，只是误差范围比原来缩小$\frac{1}{3}$，则推断电子元件的平均耐用时数所需的样本，重复抽样与不重复抽样均至少要抽36件，是原来抽样数目的$\frac{9}{4}$倍；推断电子元件的合格率，重复抽样至少要抽602件，不重复抽样至少要抽568件，均比原来抽样数目扩大1倍多。

10.解：

F（t）=99.73%　　t=3

（1）按重复抽样方法：

$$\Delta_p=t\sqrt{\frac{p(1-p)}{n}}=3\times\sqrt{\frac{90\%\times10\%}{100}}=9\%$$

当Δ_p缩小$\frac{1}{3}$时，抽样数目为：

$$n_1=\frac{t^2p(1-p)}{\Delta_p^2}=\frac{3^2\times90\%\times10\%}{[(1-\frac{1}{3})\times9\%]^2}=225（件）$$

（2）按不重复抽样方法：

$$\Delta_p=t\sqrt{\frac{p(1-p)}{n}(1-\frac{n}{N})}=3\times\sqrt{\frac{90\%\times10\%}{100}\times(1-\frac{100}{10\,000})}=8.95\%$$

当Δ_p缩小$\frac{1}{3}$时，抽样数目为：

$$n_2=\frac{Nt^2P(1-P)}{N\Delta_p^2+t^2P(1-P)}=\frac{10\,000\times3^2\times90\%\times10\%}{10\,000\times[(1-\frac{1}{3})\times8.95\%]^2+3^2\times90\%\times10\%}\approx223（件）$$

11.解：

F（t）=95.45%　　t=2

$\Delta_{\bar{x}}=t\sqrt{\frac{S^2}{N}}=2\times\sqrt{\frac{4.615}{144}}=0.358$（千小时）

$\Delta_p=t\sqrt{\frac{p(1-p)}{n}}=2\times\sqrt{\frac{34\%\times 66\%}{144}}=7.895\%$

当$\Delta_{\bar{x}}$缩小$\frac{1}{2}$时，推断彩色电视机的正常工作时间所需要的抽样数目为：

$n_1=\frac{t^2\sigma^2}{\Delta_{\bar{x}}^2}=\frac{2^2\times 4.615}{(\frac{1}{2}\times 0.358)^2}\approx 577$（台）

当Δ_p缩小$\frac{1}{2}$时，推断彩色电视机的一级品率所需要的抽样数目为：

$n_2=\frac{t^2p(1-p)}{\Delta_p^2}=\frac{2^2\times 34\%\times 66\%}{(\frac{1}{2}\times 7.895\%)^2}\approx 577$（台）

第九章　相关与回归分析

【学习目的和要求】

相关与回归分析是分析现象之间相互依存关系的统计方法之一。学习本章的目的，在于掌握相关与回归分析的基本理论和方法，以便在实际工作中能对具有相关关系的社会经济现象进行有效的分析，为管理层的预测和决策服务。因此，学习本章时，首先要了解相关与回归分析的概念、特点和相关分析与回归分析的区别与联系，进而掌握相关分析的定性和定量分析方法，在此基础上进一步掌握回归模型的拟合方法、对回归方程拟合精度的测定和评价的方法。

【重点、难点问题解析】

本章的重点问题有两个：一是相关分析；二是回归分析。

1.关于相关分析。首先要注意把握相关关系的含义与特点、相关关系与函数关系的区别与联系。相关关系是现象间客观存在，但在数量变化上受随机因素影响而不确定的相互依存关系。函数关系是变量间所存在的一种确定性的依存关系，当一个变量取一个确定数值以后，另一个变量则有一个确定的数值与之对应，即一个变量的取值完全由另一个变量的数值所控制。可见，相关关系与函数关系是有区别的。相关关系的范围比函数关系的范围更大，函数关系可以说是相关关系的一个特例。但是，它们之间存在着一定的联系。首先，现象间有些属于函数关系，但由于观察或测量误差等原因，其函数关系不够明确，往往通过相关关系反映出来；而有些现象之间的相关关系，因某些偶然因素的影响，也可能表现为函数关系。其次，在对相关关系进行数量分析时，常常用函数表达式来近似地反映现象间的数量依存关系及其规律性，这就为研究相关关系和进行回归分析提供了数学依据。有了这样一个认识基础，进行相关分析判断，先要靠定性分析，即依据社会经济理论、专业知识、实践经验对事物进行分析，进而运用相关表和相关图帮助判断相关关系的存在和表现形式，最后进行量化分析，计算相关系数，进一步判定相关关系的方向及密切程度。

2.关于回归分析。首先要把握回归分析的概念与特点和相关分析与回归分析的区别与联系。相关分析是研究两个或两个以上变量之间相关关系及密切程度的分析方法，回归分析是将相关现象的关系转变为函数关系，并建立变量关系的数学表达式，来研究变量之间数量变动关系的分析方法。相关分析是回归分析的基础，回归分析是相关分析的延续。一般先进行相关分析，测定相关现象之间相关程度的大小，进而决定是否需要进行回归分析，并拟合相应的回归方程，以便进行推算和预测，并对推算和预测结果的精度进行评价，即计算估计标准误差。

相关与回归分析的难点是理解并掌握有关计算公式和应用条件。在具体应用时要根据给定的数据资料，列示统计计算表，进而据以计算。本章的主要公式可归纳为三类。

1.积差法计算公式：

$$r=\frac{\sum(x-\bar{x})(y-\bar{y})}{\sqrt{\sum(x-\bar{x})^2}\sqrt{\sum(y-\bar{y})^2}}$$

$$\hat{y}=a+bx$$

$$b=\frac{\sum(x-\bar{x})(y-\bar{y})}{\sum(x-\bar{x})^2}$$

$$a=\bar{y}-b\bar{x}$$

$$S_{yx}=\sqrt{\frac{\sum(y-\hat{y})^2}{n}}$$

2.简捷计算法公式：

$$r=\frac{n\sum xy-\sum x\sum y}{\sqrt{n\sum x^2-(\sum x)^2}\sqrt{n\sum y^2-(\sum y)^2}}$$

$$\hat{y}=a+bx$$

$$b=\frac{n\sum xy-\sum x\sum y}{n\sum x^2-(\sum x)^2}$$

$$a=\bar{y}-b\bar{x}=\frac{\sum y}{n}-b\frac{\sum x}{n}$$

$$S_{yx}=\sqrt{\frac{\sum y^2-a\sum y-b\sum xy}{n}}$$

3.其他变形公式：

$$r=\pm\sqrt{1-\frac{S_{yx}^2}{\sigma_y^2}} \qquad r=b\cdot\frac{\sigma_x}{\sigma_y}$$

$$\hat{y}=a+bx$$

$$b=r\cdot\frac{\sigma_y}{\sigma_x}$$

$$a=\bar{y}-b\bar{x}$$

$$S_{yx}=\sigma_y\sqrt{1-r^2}$$

学习时重点掌握简捷计算法公式，因为这类公式简捷、明了，便于应用。

【练习题】

（一）判断题

1.相关关系和函数关系都属于完全确定性的依存关系。（　　）

2.如果两个变量的变动方向一致，同时呈上升或下降趋势，则二者是正相关关系。（　　）

3.假定变量x与y的相关系数是0.8，变量m与n的相关系数为-0.9，则x与y的相关密切程度高。（　　）

4.当直线相关系数r=0时，说明变量之间不存在任何相关关系。（　　）

5.相关系数r有正负、有大小，因而它反映的是两现象之间具体的数量变动关系。（　　）

6.在进行相关分析和回归分析时，必须以定性分析为前提，判定现象之间有无关系及其作用范围。（　　）

7.回归系数b的符号与相关系数r的符号，可以相同也可以不相同。（　　）

8.在直线回归分析中，两个变量是对等的，不需要区分因变量和自变量。（　　）

9.相关系数r越大，则估计标准误差S_{yx}值越大，从而直线回归方程的精确性越低。（　　）

10.进行相关与回归分析应注意对相关系数和回归直线方程的有效性进行检验。（　　）

（二）单项选择题

1.当变量x按一定数值变化时，变量y也近似地按固定数值变化，这表明变量x和变量y之间存在着（　　）。

①完全相关关系　　②复相关关系

③直线相关关系　　④没有相关关系

2.单位产品成本与其产量的相关，单位产品成本与单位产品原材料消耗量的相关，（　　）。

①前者是正相关，后者是负相关　　②前者是负相关，后者是正相关

③两者都是正相关　　④两者都是负相关

3.相关系数r的取值范围为（　　）。

①$-\infty<r<+\infty$　　②$-1\leqslant r\leqslant+1$

③$-1<r<+1$　　④ $0\leqslant r\leqslant+1$

4.当所有观测值都落在回归直线y=a+bx上，则x与y之间的相关系数（　　）。

①r=0　　②r=1

③r=−1　　④|r|=1

5.相关分析与回归分析，在是否需要确定自变量和因变量的问题上，（　　）。

①前者无须确定，后者需要确定　②前者需要确定，后者无须确定

③两者均需确定　④两者都无须确定

6.一元线性回归模型的参数有（　　）。

①一个　②两个

③三个　④三个以上

7.直线相关系数的绝对值接近1时，说明两变量相关关系的密切程度是（　　）。

①完全相关　②微弱相关

③无线性相关　④高度相关

8.某企业年生产总值x（千元）和工人工资y（元）之间的回归方程为y=10+70x，这意味着年生产总值每提高1千元时，工人工资平均（　　）。

①增加70元　②减少70元

③增加80元　④减少80元

9.下面的几个式子中，错误的是（　　）。

①y=40+1.6x　r=0.89

②y=−5−3.8x　r=−0.94

③y=36−2.4x　r=0.96

④y=−36+3.8x　r=0.98

10.相关系数r与回归系数b的关系可以表达为（　　）。

①$r=b\cdot\frac{\sigma_x}{\sigma_y}$　②$r=b\cdot\frac{\sigma_y}{\sigma_x}$

③$r=b\cdot\frac{\sigma_x}{S_{yx}}$　④$r=b\cdot\frac{S_{yx}}{\sigma_y}$

11.下列关系中，属于正相关关系的有（　　）。

①合理限度内，施肥量和平均单产量之间的关系

②产品产量与单位产品成本之间的关系

③商品的流通费用与销售利润之间的关系

④流通费用率与商品销售量之间的关系

12.直线相关分析与直线回归分析的联系表现为（　　）。

①相关分析是回归分析的基础

②回归分析是相关分析的基础

③相关分析是回归分析的深入

④相关分析与回归分析互为条件

13.如果估计标准误差$S_{yx}=0$，则表明（　　）。

①全部观测值和回归值都不相等

②回归值代表性小

③全部观测值与回归值的离差之积为零

④全部观测值都落在回归直线上

（三）多项选择题

1.下列现象中属于相关关系的有（ ）。

①压力与压强 ②现代化水平与劳动生产率

③圆的半径与圆的面积 ④身高与体重

⑤机械化程度与农业人口

2.相关关系与函数关系各有不同特点，主要体现在（ ）。

①相关关系是一种不严格的互相依存关系

②函数关系可以用一个数学表达式精确表达

③函数关系中各现象均为确定性现象

④相关关系是现象之间具有随机因素影响的依存关系

⑤相关关系中现象之间仍可以通过大量观察法来寻求其变化规律

3.相关关系与函数关系的联系表现在（ ）。

①现象间的相关关系，也就是它们之间的函数关系

②相关关系与函数关系可互相转化

③相关关系往往可以用函数关系式表达

④相关关系是函数关系的特殊形式

⑤函数关系是相关关系的特殊形式

4.销售额与流通费用率，在一定条件下，存在相关关系，这种相关关系属于（ ）。

①正相关 ②单相关

③负相关 ④复相关

⑤完全相关

5.在直线相关和回归分析中（ ）。

①据同一资料，相关系数只能计算一个

②据同一资料，相关系数可以计算两个

③据同一资料，回归方程只能配合一个

④据同一资料，回归方程随自变量与因变量的确定不同，可能配合两个

⑤回归方程和相关系数均与自变量和因变量的确定无关

6.相关系数r的数值（ ）。

①可为正值 ②可为负值

③可大于1 ④可等于-1

⑤可等于1

7.相关系数r=0.9，这表明现象之间存在着（ ）。

①高度相关关系 ②低度相关关系

③低度负相关关系 ④高度正相关关系

⑤低度正相关关系

8.相关系数|r|的大小与估计标准误差S_{yx}值的大小表现为（ ）。

①变化方向一致

②各自完全独立变化

③变化方向相反

④时而发生一致变化，时而又发生反向变化

⑤二者都受σ_y大小的影响

9.确定直线回归方程必须满足的条件是（ ）。

①现象间确实存在数量上的相互依存关系

②相关系数r必须等于1

③相关现象必须均属于随机现象

④现象间存在着较密切的直线相关关系

⑤相关数列的项数必须足够多

10.当两个现象完全相关时，下列统计指标值可能为（ ）。

①r=1　　②r=0

③r=-1　　④S_{yx}=0

⑤S_{yx}=1

11.在直线回归分析中，确定直线回归方程的两个变量必须是（ ）。

①一个自变量，一个因变量　　②均为随机变量

③对等关系　　④一个是随机变量，一个是可控制变量

⑤不对等关系

（四）填空题

1.现象之间普遍存在着的相互关系可概括为两类：一类是函数关系，一类是________。

2.相关关系，是指现象间客观存在的________相互依存关系。

3.相关关系按相关变量的多少分，有________和复相关。

4.根据现象间相关关系一定数量的实际对应资料编制成的统计表，叫________。

5.相关图可使现象之间的________更加直观和具体化。

6.把简单相关表资料适当并组后而编成的相关表，叫________。

7.相关系数，是专用于反映________条件下，关系密切程度的数量分析的相对指标。

8.反映现象间相关关系数量变化规律性的直线，叫________。

9.在直线回归方程式y=a+bx中，b反映y依x的回归关系，所以，b称为________。

10.反映回归直线方程精确度的指标是________。

（五）简答或简述题

1.什么是相关关系？相关关系有什么特点？

2.简述相关关系的种类。

3.相关分析的主要内容包括哪些?

4.简述回归分析的概念与特点。

5.构造直线回归模型应具备哪些条件?

6.什么是估计标准误差?其作用如何?

7.应用相关与回归分析应注意哪些问题?

(六)计算题

1.某地2012—2019年人均收入和耐用消费品销售额资料如下:

年　份	人均收入(万元)	耐用消费品销售额(万元)
2012	3.0	80
2013	3.2	82
2014	3.4	85
2015	3.5	90
2016	3.8	100
2017	4.0	120
2018	4.5	140
2019	5.2	145

要求:根据以上简单相关表的资料,绘制相关散点图,并判别相关关系的表现形式和方向。

2.某种产品的产量与单位成本的资料见下表:

产量(千件)	单位成本(元/件)
2	73
3	72
4	71
3	73
4	69
5	68

要求:(1)计算相关系数r,判断其相关方向和程度;(2)建立直线回归方程。

3.有几个地区的统计资料如下：

单位：亿元

国内生产总值	财政收入	银行年末存款余额
2.2	0.8	0.2
2.4	0.9	0.4
2.5	1.0	0.5
2.7	1.2	0.7
2.9	1.4	0.6
3.0	1.5	0.8
15.7	6.8	3.2

要求：(1) 计算国内生产总值与财政收入的相关系数；(2) 计算财政收入与银行年末存款余额的相关系数；(3) 建立国内生产总值与财政收入的直线回归方程。

4.某地高校教育经费（x）与在校学生人数（y）连续6年的统计资料如下：

教育经费（万元）x	在校学生数（万人）y
316	11
343	16
373	18
393	20
418	22
455	25

要求：(1) 建立直线回归方程，估计教育经费为500万元的在校学生数；(2) 计算估计标准误差。

5.试根据下列资料构建直线回归方程：

$\sigma_x^2=25$　$\sigma_y=6$　$r=0.9$　$a=2.8$

【参考答案】

(一) 判断题

1. (×)　2. (√)　3. (×)　4. (×)　5. (×)
6. (√)　7. (×)　8. (×)　9. (×)　10. (√)

(二) 单项选择题

1.③　2.②　3.②　4.④　5.①
6.②　7.④　8.①　9.③　10.①
11.①　12.①　13.④

(三) 多项选择题

1.②④⑤　2.①②③④⑤　3.③⑤　4.②③
5.①④　6.①②④⑤　7.①④　8.③⑤

9.①③④⑤　　10.①③④　　11.①④⑤

(四) 填空题

1. 相关关系　　2. 数量上非确定性的
3. 单相关　　4. 相关表
5. 相关关系及其表现形式　　6. 分组相关表
7. 两现象在直线相关　　8. 回归直线
9. 回归系数　　10. 估计标准误差

(五) 简答或简述题

1. 答：

相关关系是指现象之间客观存在的，在数量变化上受随机因素的影响，不确定的相互依存关系。相关关系有如下特点：

第一，相关关系表现为数量上的相互依存关系，即一个现象在数量上发生变化，另一个现象也会相应地发生数量上的变化。

第二，相关关系在数量上表现为不确定的相互依存关系，即存在相关关系的两个变量，对应于一个变量的取值，另一个变量可能有多个数值与之对应。

2. 答：

相关关系可以从不同角度进行分类。

相关关系按变量多少可分为单相关和复相关，单相关是指两个变量间的相关关系，复相关是指多个自变量与因变量的相关关系。相关关系从表现形态上划分为直线相关和曲线相关，直线相关是指两个变量的对应取值在坐标图中大致呈一条直线，曲线相关是指两个变量的对应取值在坐标图中大致呈一条曲线。相关关系从变化方向上划分为正相关和负相关，变量x与y变化方向相同为正相关，x与y变化方向相反为负相关。

3. 答：

相关分析的主要内容包括四个方面：

第一，判断现象间有无相关关系；

第二，判定相关关系的表现形态和密切程度；

第三，确定变量间相关关系的数学模型；

第四，测定数学模型的拟合精度。

4. 答：

在实际中，如果运用相关理论判定现象间存在线性相关关系，且相关程度较高，这时，可依据相关数列配合一条直线，以此来代表现象间的一般数量关系，统计上称这条直线为回归直线，把这条直线的数学表达式叫直线回归方程。根据相关数列的资料配合直线方程，检验直线方程的拟合精度，并据以进行统计预测，这就是回归分析的基本内容。

回归分析具有如下特点：

第一，回归分析的两个变量是非对等关系。

第二，回归分析中，因变量是随机变量，自变量是可控变量。

5.答：

建立一元线性回归模型应具备以下几个条件：

第一，现象间确定存在数量上的相互依存关系。只有当两个变量存在高度密切的相关关系，所构建的回归模型才有意义。

第二，现象间存在直线相关关系。只有当两个变量的相关关系表现为直线相关时，所配合的直线方程才是对客观现象的真实描述，方可用来进行统计分析。

第三，具备一定数量的变量观测值。如果观测值太少，受随机因素的影响较大，就不易观察出现象间变动的规律性，所求出的直线回归方程也就无多大意义。

6.答：

估计标准误差就是用来说明回归直线方程代表性大小的统计分析指标。

估计标准误差主要有两方面的作用：

第一，估计标准误差是衡量回归直线方程代表性大小的重要尺度。估计标准误差小，回归直线方程代表性强；反之，则回归直线方程代表性弱。

第二，估计标准误差，从另一个侧面反映变量之间相关关系的密切程度。估计标准误差大，现象之间相关关系不密切；反之，现象之间相关关系较密切。

7.答：

应用相关与回归分析应注意以下几个问题：

第一，注意定性分析与定量分析相结合；

第二，注意客观现象质的规定性；

第三，注意社会经济现象的复杂性；

第四，注意对相关系数和回归直线方程的有效性进行检验。

（六）计算题

1.解：（图略）

由图可见，表现形式为直线相关，相关方向为正相关关系。

2.解：

相关与回归分析计算表

产量 x	单位成本 y	x^2	y^2	xy
2	73	4	5 329	146
3	72	9	5 184	216
4	71	16	5 041	284
3	73	9	5 329	219
4	69	16	4 761	276
5	68	25	4 624	340
21	426	79	30 268	1 481

（1）相关系数：

$$r=\frac{n\sum xy-\sum x\sum y}{\sqrt{n\sum x^2-(\sum x)^2}\sqrt{n\sum y^2-(\sum y)^2}}$$

$$=\frac{6\times 1481-21\times 426}{\sqrt{6\times 79-21^2}\times\sqrt{6\times 30\,268-426^2}}=-0.9091$$

可见，产量与单位成本具有高度密切的负相关关系。

（2）建立直线回归方程：

y=a+bx

$$b=\frac{n\sum xy-\sum x\sum y}{n\sum x^2-(\sum x)^2}=\frac{6\times 1481-21\times 426}{6\times 79-21^2}=-1.82$$

$$a=\frac{\sum y}{n}-b\frac{\sum x}{n}=\frac{426}{6}-(-1.82)\times\frac{21}{6}=77.37$$

y=77.37−1.82x

3. 解：

相关与回归分析计算表

国内生产总值x	财政收入y	银行年末存款余额z	xy	yz	x^2	y^2	z^2
2.2	0.8	0.2	1.76	0.16	4.84	0.64	0.04
2.4	0.9	0.4	2.16	0.36	5.76	0.81	0.16
2.5	1.0	0.5	2.50	0.50	6.25	1.00	0.25
2.7	1.2	0.7	3.24	0.84	7.29	1.44	0.49
2.9	1.4	0.6	4.06	0.84	8.41	1.96	0.36
3.0	1.5	0.8	4.50	1.20	9.00	2.25	0.64
15.7	6.8	3.2	18.22	3.90	41.55	8.10	1.94

（1）国内生产总值（x）与财政收入（y）的相关系数：

$$r_{xy}=\frac{n\sum xy-\sum x\sum y}{\sqrt{n\sum x^2-(\sum x)^2}\sqrt{n\sum y^2-(\sum y)^2}}$$

$$=\frac{6\times 18.22-15.7\times 6.8}{\sqrt{6\times 41.55-15.7^2}\times\sqrt{6\times 8.1-6.8^2}}$$

=0.9941

（2）财政收入（y）与银行年末存款余额（z）的相关系数：

$$r_{yz}=\frac{n\sum yz-\sum y\sum z}{\sqrt{n\sum y^2-(\sum y)^2}\sqrt{n\sum z^2-(\sum z)^2}}$$

$$=\frac{6\times 3.9-6.8\times 3.2}{\sqrt{6\times 8.1-6.8^2}\times\sqrt{6\times 1.94-3.2^2}}$$

=0.9022

（3）国内生产总值与财政收入的回归直线方程：

y=a+bx

$$b=\frac{n\sum xy-\sum x\sum y}{n\sum x^2-(\sum x)^2}=\frac{6\times18.22-15.7\times6.8}{6\times41.55-15.7^2}=0.9110$$

$$a=\frac{\sum y}{n}-b\frac{\sum x}{n}=\frac{6.8}{6}-0.911\times\frac{15.7}{6}=-1.2505$$

所求回归直线方程为：

y=−1.2505+0.911x

4.解：

回归分析计算表

教育经费 x	在校学生数 y	xy	x^2	y^2
316	11	3 476	99 856	121
343	16	5 488	117 649	256
373	18	6 714	139 129	324
393	20	7 860	154 449	400
418	22	9 196	174 724	484
455	25	11 375	207 025	625
2 298	112	44 109	892 832	2 210

（1）建立回归直线方程：

y=a+bx

$$b=\frac{n\sum xy-\sum x\sum y}{n\sum x^2-(\sum x)^2}=\frac{6\times44\,109-2\,298\times112}{6\times892\,832-2\,298^2}=0.0955$$

$$a=\frac{\sum y}{n}-b\frac{\sum x}{n}=\frac{112}{6}-0.0955\times\frac{2\,298}{6}=-17.91$$

∴ y=−17.91+0.0955x

在教育经费为500万元时，在校学生数为：

y=−17.91+0.0955×500=29.84（万人）

（2）计算估计标准误差：

$$S_{yx}=\sqrt{\frac{\sum y^2-a\sum y-b\sum xy}{n}}=\sqrt{\frac{2\,210+17.91\times112-0.0955\times44\,109}{6}}=0.76\text{（万人）}$$

5.解：

（1）构建直线回归方程：

y=a+bx

$b=r\cdot\frac{\sigma_y}{\sigma_x}=0.9\times\frac{6}{\sqrt{25}}=1.08$

故所求直线回归方程为：

$y=2.8+1.08x$

（2）计算估计标准误差：

$S_{yx}=\sigma_y\sqrt{1-r^2}=6\times\sqrt{1-0.9^2}=2.615$

第十章　统计预测

【学习目的和要求】

通过本章学习，要了解统计预测的概念、特点和种类；明确统计预测的基本原则和一般程序；掌握一些常用的预测方法，特别是要掌握长期趋势和回归预测方法；深刻理解统计预测应注意的问题；认识并把握预测误差的测定与分析方法。

【重点、难点问题解析】

统计预测是有科学依据的一种统计推测。一般地说，根据已掌握的统计信息，预知未来的状态是人们认识世界的基本方法之一。本章重点问题是：几种常用的简单模型预测；长期趋势模型预测；回归模型预测。

（一）几种常用的简单模型预测

统计预测中的定量预测，多采用数学模型模拟现象的发展趋势，再进行外推。在通常情况下是几种方法结合运用，进而做出判断。在学习时要掌握几种常用的预测方法和应用条件。

1.当现象的数量变化比较平稳，没有明显的递增或递减趋势时，可以运用进度预测法预测，其公式为：

$$\hat{y}_t=\frac{y_i+y_{n+1}}{y_n}\times 100\% \text{ 或 } \hat{y}_t=y_i+y_{n+1}$$

2.当事物与事物之间的联系表现为一定的比例关系时，可采用比例预测法预测，其公式为：

$$\hat{y}_t=\frac{y_t}{x_i(\%)}$$

3.当现象没有明显的增减变动趋势，其结构长期稳定时，可运用简单序时平均预测法，其公式为：

$$\hat{y}_{t+k}=\frac{y_1+y_2+y_3+\cdots+y_t}{t}=\frac{\sum_{i=1}^{t}y_i}{t}$$

4.当现象长期稳定但短期有波动，就要考虑所研究现象全部观察值的条件，运用移动平均数预测法预测。这种方法的实质是以移动平均数作为预测值使用。其公式有简单移动平均预测公式和加权平均预测公式：

$\hat{y}_{t+1}=\frac{y_t+y_{t-1}+y_{t-2}+\cdots+y_{t-n+1}}{n}$　　（简单移动平均预测公式）

$\hat{y}_{t+1}=\frac{5y_t+4y_{t-1}+3y_{t-2}+2y_{t-3}+y_{t-4}}{15}$　　（加权平均预测公式）

5.当逐期增减量大致相同时，可采用增减量和平均增减量预测法。其公式为：

$\hat{y}_{t+1}=y_t+（y_t-y_{t-1}）=2y_t-y_{t-1}$

$\hat{y}_{t+1}=y_t+\frac{\sum(y_t-y_{t-1})}{n-1}=y_t+\frac{y_t-y_1}{n-1}$

6.当平均增减速度大致相同时，可采用增减速度和平均速度预测法。其公式为：

$\hat{y}_{t+1}=y_t（1+\frac{y_t-y_{t-1}}{y_{t-1}}）=\frac{y_t^2}{y_{t-1}}$

$\hat{y}_{t+1}=y_tG$

这部分内容可结合第六章相关内容来学习。

（二）长期趋势模型预测

当一个较长的动态数列存在着某种趋势时，可配合长期趋势模型进行预测。学习这种方法，要注意掌握长期趋势预测模型参数的估计方法——最小平方法和取点法。

1.若是直线趋势预测模型 $\hat{y}_t=a+bt$，如果用最小平方法求解参数 a、b，则：

$$b=\frac{n\sum ty-\sum t\sum y}{n\sum t^2-(\sum t)^2}$$

$$a=\frac{\sum y}{n}-b\frac{\sum t}{n}=\bar{y}-b\bar{t}$$

若令 $\sum t=0$，则 $b=\frac{\sum ty}{\sum t^2}$，$a=\frac{\sum y}{n}$。

如果用取点法求解参数 a、b，则：

$$\begin{cases} a=R-\frac{7}{3}b \\ b=\frac{T-R}{N-3} \end{cases}$$　（三项加权平均）

$$\begin{cases} a=R-\frac{11}{3}b \\ b=\frac{T-R}{N-5} \end{cases}$$　（五项加权平均）

其中：

$R=\frac{y_1+2y_2+3y_3}{6}$

$T=\frac{y_{N-2}+2y_{N-1}+3y_N}{6}$　　（三项加权平均）

或

$$R=\frac{y_1+2y_2+3y_3+4y_4+5y_5}{15}$$

$$T=\frac{y_{N-4}+2y_{N-3}+3y_{N-2}+4y_{N-1}+5y_N}{15}$$ （五项加权平均）

2.若长期趋势模型是二次曲线 $\hat{y}_{t+k}=a+bt+ct^2$；如果a、b、c参数用最小平方法求解，令 $\sum t=0$，则：

$$\begin{cases} a=\dfrac{\sum y\sum t^4-\sum t^2\sum t^2y}{n\sum t^4-(\sum t^2)^2} \\ b=\dfrac{\sum ty}{\sum t^2} \\ c=\dfrac{n\sum t^2y-\sum y\sum t^2}{n\sum t^4-(\sum t^2)^2} \end{cases}$$

若用取点法求解参数a、b、c，则：

$$\begin{cases} a=R-\dfrac{7}{3}b-6c \\ b=\dfrac{T-R}{N-3}-\dfrac{3N+5}{3}c \\ c=\dfrac{2(R+T-2S)}{(N-3)^2} \end{cases}$$ （三项加权平均）

或 $$\begin{cases} a=R-\dfrac{11}{3}b-15c \\ b=\dfrac{T-R}{N-5}-\dfrac{3N+7}{3}c \\ c=\dfrac{2(R+T-2S)}{(N-5)^2} \end{cases}$$ （五项加权平均）

其中，S为时间数列中间三项或五项的加权算术平均数。

（三）回归模型预测

学习回归预测时，首先应注意把握事物的相关性，并对相关的变量作认真的筛选，进而建立回归模型，将一个自变量或几个自变量的给定值代入回归模型，对因变量可能出现的变动趋势和水平进行预测。

若是一元线性回归模型 $\hat{y}=b_0+b_1x$，用最小平方法求解参数 b_0、b_1，则：

$$\begin{cases} b_0=\dfrac{\sum y}{n}-b_1\dfrac{\sum x}{n} \\ b_1=\dfrac{n\sum xy-\sum x\sum y}{n\sum x^2-(\sum x)^2} \end{cases}$$

若是二元线性回归模型 $\hat{y}=b_0+b_1x_1+b_2x_2$，用最小平方法求解参数 b_0、b_1、b_2，则有标准方程组：

$$\begin{cases} \sum y=nb_0+b_1\sum x_1+b_2\sum x_2 \\ \sum x_1y=b_0\sum x_1+b_1\sum x_1^2+b_2\sum x_1x_2 \\ \sum x_2y=b_0\sum x_2+b_1\sum x_1x_2+b_2\sum x_2^2 \end{cases}$$

结合《统计学原理》中这部分内容，用行列式解b_0、b_1、b_2为：

$$b_0=\frac{Db_0}{D} \qquad b_1=\frac{Db_1}{D} \qquad b_2=\frac{Db_2}{D}$$

$$D=\left(n\sum x_1^2\sum x_2^2+\sum x_1\sum x_1x_2\sum x_2+\sum x_1\sum x_1x_2\sum x_2\right)-\left[\left(\sum x_2\right)^2\sum x_1^2+\left(\sum x_1\right)^2\sum x_2^2+n\left(\sum x_1x_2\right)^2\right]$$

$$Db_0=\left(\sum y\sum x_1^2\sum x_2^2+\sum x_1y\sum x_1x_2\sum x_2+\sum x_1\sum x_1x_2\sum x_2y\right)-\left[\sum x_2\sum x_1^2\sum x_2y+\sum x_1\sum x_1y\sum x_2^2+\sum y\left(\sum x_1x_2\right)^2\right]$$

$$Db_1=\left(n\sum x_1y\sum x_2^2+\sum x_1\sum x_2y\sum x_2+\sum y\sum x_1x_2\sum x_2\right)-\left[\left(\sum x_2\right)^2\sum x_1y+n\sum x_1x_2\sum x_2y+\sum x_1\sum y\sum x_2^2\right]$$

$$Db_2=\left(n\sum x_1^2\sum x_2y+\sum x_1\sum x_1x_2\sum y+\sum x_1\sum x_1y\sum x_2\right)-\left[\sum y\sum x_1^2\sum x_2+\left(\sum x_1\right)^2\sum x_2y+n\sum x_1x_2\sum x_1y\right]$$

本章难点是长期趋势模型预测和回归模型预测。要牢记公式并结合实例练习，才能掌握这两部分内容。

【练习题】

（一）判断题

1.统计预测虽然运用统计方法进行定量分析，但其目的并不在于推算该事物的未来的数量表现。（ ）

2.定量预测必须以定性预测为基础，定性预测是定量预测的前提。（ ）

3.根据事物发展至今所表现出的规律性，对其未来进行预测，即是一种静态预测。（ ）

4.预测方法指的是确定预测模型函数形式的方法。（ ）

5.表示预测对象与其他影响因素关系的模型叫长期趋势模型。（ ）

6.简单序时平均预测法只适用于没有明显增减变动趋势的资料。（ ）

7.当时间数列二次增长量大致相等时，可用拟合指数曲线模型进行预测。（ ）

8.取点预测法，若确定首、尾两点，可以用来估计二次曲线的参数。（ ）

9.多元回归预测是把多个自变量结合起来对自身的发展情况所作的预测。（ ）

10.在预测中运用回归技术时，为了突出近期观察值的影响，通常给予近期观察值以较大的权数。（ ）

11.由于经济现象发展总是有章可循的，因此，统计预测是不可能产生失误的。（ ）

（二）单项选择题

1.利用时间数列分析原理建立数学模型，对人口增长趋势进行预测，属于（ ）。

①定性预测　　②回归预测

③动态预测　　④静态预测

2.按照预测性质分，预测可分为（　　）。

①宏观预测与微观预测　　②趋势预测与回归预测

③定性预测与定量预测　　④静态预测与动态预测

3.某一时间数列的长期趋势如果属于直线形式，则该时间数列必有（　　）。

①各期一级增长量大体相同　　②各期环比发展速度大体相同

③各期定基发展速度大体相同　　④各期二次增长量大体相同

4.取点预测法适用于（　　）。

①时间关系模型　　②相关关系模型

③结构关系模型　　④以上三种模型

5.用最小平方法，确定预测模型中的参数值时，它的数学依据是（　　）。

①$\sum(y-\hat{y})^2=0$　　②$\sum(y-\hat{y})^2=$最小值

③$\sum(y-\hat{y})=$最小值　　④$\sum(y-\hat{y})\neq 0$

6.二次曲线预测模型的参数有（　　）。

①一个　　②二个

③三个　　④三个以上

7.以相关数列为依据建立的模型叫（　　）。

①直线趋势模型　　②回归模型

③二次抛物线趋势模型　　④比例预测模型

（三）多项选择题

1.统计预测按其预测对象可分为（　　）。

①微观预测　　②宏观预测

③长期预测　　④定量预测

⑤定性预测

2.根据研究对象的不同性质，预测模型可以分为（　　）。

①比例关系模型　　②时间关系模型

③相关关系模型　　④结构关系模型

⑤发展关系模型

3.三项加权平均时，取点预测法的二次抛物线趋势方程参数的计算公式分别为（　　）。

①$b=\frac{T-R}{N-3}$　　②$a=R-\frac{7}{3}b$

③$a=R-\frac{7}{3}b-6c$　　④$b=\frac{T-R}{N-3}-\frac{3N+5}{3}c$

⑤$c=\frac{2(R+T-2S)}{(N-3)^2}$

4.统计预测一般要遵循的原则是（ ）。

①连续性原则 ②类比性原则

③非线性原则 ④概率性原则

⑤线性原则

5.统计预测常用的几个简单（朴素）模型预测法有（ ）。

①进度预测法 ②比例预测法

③序时平均预测法 ④移动平均预测法

⑤平均增减量（或平均速度）预测法

6.影响预测准确度的主要因素有（ ）。

①一切主客观因素 ②主观判断的准确性

③数据的可靠性 ④预测模型的科学性

⑤统计方法的正确性

7.测定预测误差的统计指标主要有（ ）。

①总预测误差 ②平均绝对误差

③相对误差 ④均方根误差

⑤平均误差

（四）填空题

1.统计预测是根据有关经济理论和统计理论，利用________对尚未发生或已经发生而不为人们所知的社会经济现象特征和表现做出________。

2.根据事物发展至今所表现出的规律性，对其未来进行预测，称________。

3.表示预测对象与时间的关系的模型称________。表示预测对象与其他影响因素关系的模型称________。

4.回归预测以________作为预测依据，趋势预测以________作为预测依据。

5.以研究时期的全部观察值为对象，采用简单算术平均法，求出该时期的序时平均数，作为下一期的预测。此预测法称为________。

6.若时间数列的________大致相等，则适于配合二次曲线模型。

7.统计预测的依据是统计理论，使用的工具是________。

8.统计预测模型是指用来描述被预测对象运动规律的________。

9.进行回归预测时，应注意因变量的________。

10.预测误差的大小与预测结果的准确性有密切关系。预测误差越小，准确性________。

（五）简答或简述题

1.简述统计预测的含义与种类。

2.统计预测应遵循哪些原则？

3.简述统计预测的基本步骤。

4.运用回归预测应注意哪些问题？

5.什么是统计预测误差？影响统计预测误差的因素有哪些？

（六）计算题

1.某地区历年粮食产量见下表：

年　份	2010	2011	2012	2013	2014	2015	2016	2017	2018	2019
产量（万吨）	230	236	241	246	252	257	262	276	282	286

要求：判断该地区的粮食发展趋势是否接近于直线型。是用何种方法判断的？试用最小平方法配合直线趋势方程，并预测2020年和2024年的粮食产量。

2.某地区历年人口资料见下表：

年　份	2014	2015	2016	2017	2018	2019
人口数（万人）	85.50	86.48	87.46	88.47	89.46	90.44

要求：判断该地区人口发展趋势接近何种函数形式。然后，用最小平方法加以拟合并预测2020年和2024年的人口数。

3.设某地区人均月收入与耐用消费品销售额资料如下：

年　份	人均月收入（元）	耐用消费品销售额（万元）
2014	340	82
2015	380	90
2016	450	100
2017	470	114
2018	560	140
2019	620	144

假设通过分析，已知人均月收入的长期趋势为直线型，而且人均月收入与耐用消费品销售额亦为直线相关。试由上述资料：（1）建立人均月收入的直线趋势方程，并预测2020年人均月收入；（2）建立人均月收入与耐用消费品销售额的直线回归方程；（3）根据回归预测模型预测2020年的耐用消费品销售额。

4.某地粮食产量资料如下：

单位：万吨

年份	2007	2008	2009	2010	2011	2012	2013	2014	2015	2016	2017	2018	2019
产量	812	821	827	820	835	842	852	844	846	821	828	838	854

要求：用两点法建立三项加权平均的直线趋势方程，并预测2020年和2024年的粮食产量。

5.假设某地区2003—2019年期间的硫酸产量如下表：

单位：万吨

年　份	产　量	年　份	产　量
2003	234.0	2012	442.7
2004	290.9	2013	484.7
2005	198.3	2014	450.8
2006	141.5	2015	537.5
2007	234.3	2016	661.0
2008	291.4	2017	699.8
2009	357.9	2018	764.3
2010	400.5	2019	780.7
2011	468.1		

要求：用三点法（五项平均法）拟合一条二次抛物线，并预测2020年和2024年的硫酸产量。

6.已知某地2010—2019年期间的有关资料如下表：

年　份	服装消费 y（亿元）	可支配收入 x_1（亿元）	服装价格指数（2009=1.00） x_2
2010	0.8	8.2	0.92
2011	0.9	8.8	0.93
2012	1.0	9.9	0.96
2013	1.1	10.5	0.94
2014	1.2	11.7	1.00
2015	1.4	13.1	1.01
2016	1.5	14.8	1.05
2017	1.7	16.1	1.12
2018	1.9	17.4	1.12
2019	2.0	18.4	1.12

要求：据此建立以服装消费为因变量的二元线性回归模型并预测可支配收入为19亿元和服装价格指数为115%时的服装消费额。

【参考答案】

（一）判断题

1.（×） 2.（√） 3.（×） 4.（×） 5.（×）
6.（√） 7.（×） 8.（×） 9.（×） 10.（√）
11.（×）

（二）单项选择题

1.③ 2.② 3.① 4.① 5.②
6.③ 7.②

（三）多项选择题

1.①② 2.②③ 3.③④⑤ 4.①②④
5.①②③④⑤ 6.①②③④⑤ 7.①②③④

（四）填空题

1.统计方法　判断和预见　2.趋势预测
3.时间数列趋势模型　回归模型　4.相关关系数列　时间数列
5.简单序时平均预测法　6.二次增长量
7.统计方法　8.数学模型
9.滞后变动性（现象变动的时间差）　10.越高

（五）简答或简述题

1.答：

统计预测是根据有关的经济理论和统计理论，利用统计方法，对尚未发生或已经发生而尚未为人们所知的社会经济现象特征和表现做出判断和预见。

统计预测的定义包含四个方面的含义：

第一，统计预测的依据是经济理论、统计理论，使用的工具是统计方法，预测的对象是社会经济现象；

第二，统计预测可以是静态预测，也可以是动态预测；

第三，统计预测所判断的对象是尚未发生或已经发生而尚未为人们所知的现象；

第四，统计预测主要是一种定量预测。

统计预测按预测方法分为定性预测和定量预测；按预测的对象可分为宏观预测和微观预测；按预测性质分为趋势预测和回归预测。

2.答：

统计预测一般应遵循以下三个原则：

第一，连续性原则。此原则就是要求按照事物发展的惯性规律，从已知的过去、现在，推测未来。

第二，类比性原则。此原则要求注意到现象间的联系，通过类比来预测事物的发展规律。

第三，概率性或称随机性原则。此原则要求注意从偶然中发现必然性，要通过对大量偶然事物的反复研究和观察，判断事物发展的变化趋势。

3.答：

统计预测的基本步骤是：确定预测目标→搜集统计资料→加工整理资料→建立预测模型→估计模型参数，进行预测→分析比较预测误差，改进预测。

预测目标决定着采用何种预测方法，搜集什么资料。而真实、准确、完整的统计资料是进行准确预测的先决条件。为保证资料的真实、准确、完整，统计资料在投入使用前，要对其作初步分析，认真审核、订正；模型是对现象的一种简化、模拟。因此，预测时，要依据预测目标和所掌握的资料，对被预测现象作正确简化，设计能满足预测目的的预测模型，然后用正确的统计方法估计出模型中的参数，进行预测。最后对预测结果进行分析，进一步改进预测方法。

4.答：

运用回归预测时应注意的问题是：

第一，建立回归方程前，应对预测对象进行定性分析；

第二，进一步对回归方程中的回归系数进行检验，防止出现较大偏差；

第三，注意样本资料的结构变化，样本数据的选取要具有代表性；

第四，注意因变量的滞后性，因此，进行回归预测还要考虑现象变动的时间差；

第五，注意变量间的非线性关系，社会经济现象的复杂性，决定了回归模型的多样性，因此应针对不同数据结构采用适合的模型来模拟，才能保证预测结果的准确性。

5.答：

统计预测误差就是统计的预测值与统计实际值的离差。预测误差的大小直接影响预测结果的准确性。因此，研究产生预测误差的原因，控制或减少预测误差，有利于完善和发展预测理论与方法。影响预测准确度的主要因素有：（1）数据资料的真实性和准确性，这是保证预测准确度的关键；（2）主观判断的客观性和正确性，这是提高预测准确度的重要条件；（3）统计方法的完整性和可靠性，这是影响预测准确度的不容忽视的因素；（4）模型的科学性和有效性，这是保证预测准确度的关键。

（六）计算题

1.解：

一次差（一级）增长量计算表　　单位：万吨

年　份	2010	2011	2012	2013	2014	2015	2016	2017	2018	2019
粮食产量	230	236	241	246	252	257	262	276	282	286
增长量	—	6	5	5	6	5	5	14	6	4

上表表明，各期（一次）增长量大体相同，可以判断趋势为直线型，可以用直线趋势方程进行拟合。

直线趋势方程参数值计算表

年　份	2010	2011	2012	2013	2014	2015	2016	2017	2018	2019	合　计
序号t	1	2	3	4	5	6	7	8	9	10	55
产量y	230	236	241	246	252	257	262	276	282	286	2 568
ty	230	472	723	984	1 260	1 542	1 834	2 208	2 538	2 860	14 651
t^2	1	4	9	16	25	36	49	64	81	100	385

设 $\hat{y}_t=a+bt$

$$b=\frac{n\sum ty-\sum t\sum y}{n\sum t^2-(\sum t)^2}=\frac{10\times14\,651-55\times2\,568}{10\times385-55^2}=6.388$$

$$a=\frac{\sum y}{n}-b\frac{\sum t}{n}=\frac{2\,568}{10}-6.388\times\frac{55}{10}=221.666$$

$\therefore y_c=221.666+6.388t$

预测2020年的粮食产量（t=11）：

$\hat{y}_{2020}=221.666+6.388\times11=292$（万吨）

预测2024年的粮食产量（t=15）：

$\hat{y}_{2024}=221.666+6.388\times15=317$（万吨）

2.解：

某地区人口数发展趋势判断表

年　份	2014	2015	2016	2017	2018	2019
人口数（万人）	85.50	86.48	87.46	88.47	89.46	90.44
环比发展速度（%）	—	1.011	1.011	1.012	1.011	1.011

上表资料表明，该地区人口发展趋势属于指数曲线型，可用指数曲线加以拟合。

最小平方法曲线计算表

年　份	t	人口y	lgy	t^2	tlgy
2014	1	85.50	1.93197	1	1.93197
2015	2	86.48	1.93692	4	3.87384
2016	3	87.46	1.94181	9	5.82543
2017	4	88.47	1.94680	16	7.78720
2018	5	89.46	1.95163	25	9.75815
2019	6	90.44	1.95636	36	11.73816
合　计	21	—	11.66549	91	40.91475

设 $\hat{y}_t=ab^t$　令 A=lga　B=lgb

故 lgy=lga+tlgb=A+Bt

其中：$B=\frac{n\sum tlgy-\sum t\sum lgy}{n\sum t^2-(\sum t)^2}=\frac{6\times 40.91475-21\times 11.66549}{6\times 91-21^2}=\frac{0.51321}{105}=0.004888$

$A=\frac{\sum lgy}{n}-B\frac{\sum t}{n}=\frac{11.66549}{6}-0.004888\times\frac{21}{6}=\frac{11.562842}{6}=1.92714$

$\therefore b=10^B=10^{0.004888}=1.011$

$a=10^A=10^{1.92714}=84.555$

$\therefore \hat{y}_t=ab^t=84.555\times 1.011^t$

（3）预测该地区2020年（t=7）的人口数为：

$\hat{y}_{2020}=84.555\times(1.011)^7=91.285$（万人）

预测该地区2024年（t=11）的人口数为：

$\hat{y}_{2024}=84.555\times(1.011)^{11}=95.368$（万人）

3.解：

人均月收入直线趋势方程计算表

年　份	序号 t	人均月收入（元）x	t^2	tx
2014	1	340	1	340
2015	2	380	4	760
2016	3	450	9	1 350
2017	4	470	16	1 880
2018	5	560	25	2 800
2019	6	620	36	3 720
合　计	21	2 820	91	10 850

设 $\hat{x}=a+bt$

$b=\frac{n\sum tx-\sum t\sum x}{n\sum t^2-(\sum t)^2}=\frac{6\times 10\,850-21\times 2\,820}{6\times 91-21^2}=\frac{5\,880}{105}=56$

$a=\frac{\sum x}{n}-b\frac{\sum t}{n}=\frac{2\,820}{6}-56\times\frac{21}{6}=\frac{1\,644}{6}=274$

$\therefore \hat{x}=274+56t$

2020年预测人均月收入为：$\hat{x}=274+56\times 7=666$（元）

人均月收入与耐用消费品销售额直线回归方程计算表

年　份	人均月收入（元）x	耐用消费品销售额（万元）y	xy	x^2
2014	340	82	27 880	115 600
2015	380	90	34 200	144 400
2016	450	100	45 000	202 500
2017	470	114	53 580	220 900
2018	560	140	78 400	313 600
2019	620	144	89 280	384 400
合　计	2 820	670	328 340	1 381 400

设 $\hat{y}=a+b\hat{x}$

其中：$b=\frac{n\sum xy-\sum x\sum y}{n\sum x^2-(\sum x)^2}=\frac{6\times 328\,340-2\,820\times 670}{6\times 1\,381\,400-2\,820^2}=\frac{80\,640}{336\,000}=0.24$

$a=\frac{\sum y-b\sum x}{n}=\frac{670-0.24\times 2\,820}{6}=\frac{-6.8}{6}=-1.133$

则有　$\hat{y}=-1.133+0.24\hat{x}$

预测2020年耐用消费品销售额：

$\because \hat{x}=666$元

$\therefore \hat{y}_{2020}=-1.133+0.24\times 666=158.707$（万元）

4.解：

设直线趋势预测模型为：

$\hat{y}_{t+k}=a+bt$

取点法（两点法，三项加权平均）求参数为：

$a=R-\frac{7}{3}b$　　　$b=\frac{T-R}{N-3}$

其中：$R=\frac{y_1+2y_2+3y_3}{6}=\frac{812+2\times 821+3\times 827}{6}=822.5$

$T=\frac{y_{N-2}+2y_{N-1}+3y_N}{6}=\frac{828+2\times 838+3\times 854}{6}=844.3$

$b=\frac{844.3-822.5}{13-3}=\frac{21.8}{10}=2.18$

$a=822.5-\frac{7}{3}\times 2.18=817.4$

$\therefore \hat{y}=817.4+2.18t$

2020年某地预测粮食产量为（t=14）：

$\hat{y}_{2020}=817.4+2.18\times 14=847.92$（万吨）

2024年某地预测粮食产量为（t=18）：

$\hat{y}_{2024}=817.4+2.18\times 18=856.64$（万吨）

5.解：

用三点法（五项加权平均）配合二次抛物线。

（1）求各项加权平均数：

$$R=\frac{y_1+2y_2+3y_3+4y_4+5y_5}{15}=\frac{234+2\times 290.9+3\times 198.3+4\times 141.5+5\times 234.3}{15}=209.88$$

$$S=\frac{y_{d-2}+2y_{d-1}+3y_d+4y_{d+1}+5y_{d+2}}{15}=\frac{357.9+2\times 400.5+3\times 468.1+4\times 442.7+5\times 484.7}{15}=450.5$$

$$T=\frac{y_{N-4}+2y_{N-3}+3y_{N-2}+4y_{N-1}+5y_N}{15}=\frac{537.5+2\times 661+3\times 699.8+4\times 764.3+5\times 780.7}{15}=727.97$$

（2）求抛物线中各参数：

$$c=\frac{2(R+T-2S)}{(N-5)^2}=\frac{2\times(209.88+727.97-2\times 450.5)}{(17-5)^2}=0.5118$$

$$b=\frac{T-R}{N-5}-\frac{3N+7}{3}\cdot c=\frac{727.97-209.88}{17-5}-\frac{3\times 17+7}{3}\times 0.5118=33.2794$$

$$a=R-\frac{11}{3}b-15c=209.88-\frac{11}{3}\times 33.2794-15\times 0.5118=80.1785$$

$$\therefore \hat{y}=a+bt+ct^2=80.1785+33.2794t+0.5118t^2$$

（3）预测2020年和2024年的硫酸产量：

2020年的硫酸产量：

$\hat{y}_{2020}=80.1785+33.2794\times 18+0.5118\times 18^2=845$（万吨）

2024年的硫酸产量：

$\hat{y}_{2024}=80.1785+33.2794\times 22+0.5118\times 22^2=1\ 060$（万吨）

6.解：

二元回归方程最小平方法计算表

年　份	服装消费 y（亿元）	可支配收入 x_1（亿元）	服装价格指数 x_2	x_1^2	x_2^2	x_1y	x_2y	x_1x_2
2010	0.8	8.2	0.92	67.24	0.8464	6.56	0.736	7.544
2011	0.9	8.8	0.93	77.44	0.8649	7.92	0.837	8.184
2012	1.0	9.9	0.96	98.01	0.9216	9.90	0.960	9.504
2013	1.1	10.5	0.94	110.25	0.8836	11.55	1.034	9.870
2014	1.2	11.7	1.00	136.89	1.0000	14.04	1.200	11.700
2015	1.4	13.1	1.01	171.61	1.0201	18.34	1.414	13.231
2016	1.5	14.8	1.05	219.04	1.1025	22.20	1.575	15.540
2017	1.7	16.1	1.12	259.21	1.2544	27.37	1.904	18.032
2018	1.9	17.4	1.12	302.76	1.2544	33.06	2.128	19.488
2019	2.0	18.4	1.12	338.56	1.2544	36.80	2.240	20.608
合　计	13.5	128.9	10.17	1 781.01	10.4023	187.74	14.028	133.701

设二元线性回归方程为：

$\hat{y}=b_0+b_1x_1+b_2x_2$

其中：$b_0=\frac{Db_0}{D}$　　$b_1=\frac{Db_1}{D}$　　$b_2=\frac{Db_2}{D}$

$$D=\begin{vmatrix} n & \sum x_1 & \sum x_2 \\ \sum x_1 & \sum x_1^2 & \sum x_1x_2 \\ \sum x_2 & \sum x_1x_2 & \sum x_2^2 \end{vmatrix}=\begin{vmatrix} 10 & 129 & 10 \\ 129 & 1781 & 134 \\ 10 & 134 & 10.40 \end{vmatrix}=217.6$$

$$Db_0=\begin{vmatrix} \sum y & \sum x_1 & \sum x_2 \\ \sum x_1y & \sum x_1^2 & \sum x_1x_2 \\ \sum x_2y & \sum x_1x_2 & \sum x_2^2 \end{vmatrix}=\begin{vmatrix} 13.5 & 129 & 10 \\ 188 & 1781 & 134 \\ 14 & 134 & 10.40 \end{vmatrix}=11.2$$

$$Db_1=\begin{vmatrix} n & \sum y & \sum x_2 \\ \sum x_1 & \sum x_1y & \sum x_1x_2 \\ \sum x_2 & \sum x_2y & \sum x_2^2 \end{vmatrix}=\begin{vmatrix} 10 & 13.5 & 10 \\ 129 & 188 & 134 \\ 10 & 14 & 10.40 \end{vmatrix}=26.4$$

$$Db_2=\begin{vmatrix} n & \sum x_1 & \sum y \\ \sum x_1 & \sum x_1^2 & \sum x_1y \\ \sum x_2 & \sum x_1x_2 & \sum x_2y \end{vmatrix}=\begin{vmatrix} 10 & 129 & 13.5 \\ 129 & 1781 & 188 \\ 10 & 134 & 14 \end{vmatrix}=-58$$

注：为方便计算，对部分数据进行了四舍五入。

$\therefore b_0=\frac{11.2}{217.6}=0.05147$

$b_1=\frac{26.4}{217.6}=0.121324$

$b_2=\frac{-58}{217.6}=-0.2665$

$\therefore \hat{y}=0.05147+0.121324x_1-0.2665x_2$

当可支配收入为19亿元，服装价格指数为115%时的服装消费额为：

$\hat{y}=0.05147+0.121324\times19-0.2665\times1.15=2.05$（亿元）

第十一章 统计综合分析

【学习目的和要求】

通过本章学习，要明确统计综合分析的概念、特点、种类、任务、原则和程序；掌握统计综合分析的原理和方法，能够进行科学分析和综合评价比较；提高统计综合分析的能力；会写统计分析报告。

【重点、难点问题解析】

本章主要阐述统计综合分析的原理、原则和一般方法。学习本章要抓住以下几个重点问题：统计综合分析的概念、特点、任务和形式；统计综合分析的一般原则、程序和方法；统计比较的概念、作用和种类；统计比较标准和具体规则；统计比较主要指标；综合评价的一般步骤及评价指标体系的确定原则。

1.统计综合分析的概念、特点、任务和形式。统计综合分析，就是指根据分析研究的目的，在相关科学理论的正确指导下运用统计方法，以统计资料为依据，结合具体情况，定性与定量相结合，对客观事物进行科学的分析和综合的研究，揭示其本质和规律性，提出解决矛盾的办法的一种逻辑思维活动。其主要特点是：(1) 以统计数据为基础，定量分析与定性分析相结合；(2) 统计综合分析的目的在于提出办法解决问题；(3) 综合运用多种分析方法。

统计综合分析的任务主要有：(1) 综合分析研究国民经济和社会发展的现状；(2) 综合分析研究社会经济发展的历史资料，研究其规律性问题；(3) 进行预测分析；(4) 综合分析研究某些问题。

统计综合分析的主要形式有：(1) 专题性的分析；(2) 总结性的分析；(3) 进度性的分析；(4) 预测决策性的分析。

2.统计综合分析的一般原则、程序和方法。统计综合分析必须遵循“实事求是”这个基本原则。具体来说就是要注意：(1) 必须坚持社会主义道路、人民民主专政、党的领导和以马克思列宁主义、毛泽东思想为指导思想等基本原则；(2) 必须坚持辩证唯物主义的观点，从实际出发；(3) 必须坚持定量分析与定性分析相结合；(4) 必须在一般与具体的结合中进行分析研究。

统计综合分析的一般程序是：(1) 选择并确定研究课题；(2) 进行课题研究设计；(3) 采集、积累与鉴别资料；(4) 运用各种方法进行系统周密的分析；(5) 得出结论，提出建议；（6）根据分析结果形成分析报告。

从统计综合分析角度而言，其方法可以概括为以下几点：（1）综合运用多层次、多种方法；（2）注意综合分析研究的问题与方法的交错性；（3）注意综合分析中的质与量的结合。

3.统计比较的概念、作用和种类。统计比较是将统计指标所反映的实际数量状况与有关标准进行对照，计算出数量上的差别和变化，进而做出评价和判断的思维过程。统计比较是比较法在统计中的一般运用，其主要特征是：总体数量的比较；客观实际数量状况的比较。

统计比较是统计综合分析研究中最基本的常用方法，其作用主要有以下几点：（1）可以更深入、更明确地认识事物；（2）可以进行监督检查，深入分析原因，找出解决办法；（3）可以发挥更大、更广泛的促进作用。

统计比较可从不同角度进行分类，一般而言，主要有以下几种分类：（1）按时间状况不同可以分为静态比较和动态比较；（2）按比较方式不同可分为相比（除）比较和相差（减）比较；（3）按比较对象内容范围不同可分为单项比较和综合比较（综合评价）。

4.统计比较标准和具体规则。依研究目的不同有各种各样的比较标准，常用的主要有：（1）经验数据标准；（2）理论数据标准；（3）时间数据标准；（4）空间数据标准；（5）计划或政策规定数据标准。

统计比较必须遵守以下具体规则：（1）统计比较事物的联系性规则；（2）统计比较指标含义的一致性规则；（3）统计比较时间限制的一致性规则；（4）统计比较空间范围的一致性规则；（5）统计比较指标的计算方法的一致性规则；（6）统计比较指标的计量单位的一致性规则。

5.统计比较指标。统计比较指标是反映有联系、可进行比较的事物之间在时间、空间及事物内部或各事物之间联系程度与差别的指标，通常称为比率、比例、比重、程度、速度和差数。其公式为：

$$\text{相比（除）比较指标}=\frac{\text{比较对象指标}}{\text{比较标准指标}}$$

$$\text{相差（减）比较指标}=\text{比较对象指标}-\text{比较标准指标}$$

6.综合评价的一般步骤及评价指标体系的确定原则。如果说统计比较是统计综合分析的基本方法，统计比较指标是统计综合分析的工具的话，那么综合评价则是统计综合分析的核心内容。其一般步骤是：（1）选择评价指标，确定评价指标体系；（2）选择综合评价方法；（3）根据综合评价方法的要求确定有关的标准值；（4）将指标实际值转化为评价值；（5）将分指标的评价值合成为总评价值，进而用于排序或其他分析研究。

评价指标体系的选择要遵循科学性、目的性、全面性和可行性原则。

本章难点，当然也是本章的重点，就是综合评价方法。学习本章要切实掌握和综合运用综合评价方法。本章阐述了比较简单的综合评价方法，诸如关键指标法、简易打分法、个体比较指标加权平均法等。这些比较简单的方法可在实践中运用并作为其他方法的参考。比较难的是综合评价指数法和功效系数法。对这两种方法可结合实例深刻理解其含义并牢记公式，熟练掌握。

综合评价指数法是指数法的运用，它是以评价指标相对化处理结果的相对数为变量值，采用简单算术平均法或加权算术平均法计算平均数。其公式为：

（1）简单算术平均式：

$$I_z=\frac{\sum \frac{X}{B}}{n}$$

（2）加权算术平均式：

$$I_z=\frac{\sum \frac{X}{B}\cdot p}{\sum p}$$

功效系数法的实质是实际值与不允许值之差同满意值与不允许值之差进行对比的结果的相对数再结合平均数来考察评价的方法，其实际上也是综合平均法。这里所平均的相对数是两个差数对比的相对数（即功效系数）。评价时要先计算每个评价指标的功效系数（d_i），再运用算术平均法或几何平均法计算总功效系数，进而进行综合评价。在学习时可结合实例理解这些公式并熟练掌握：

$$d_i=\frac{X_i-X_i^s}{X_i^h-X_i^s}\times 40+60$$

$$D=\frac{\sum_{i=1}^{n} d_i}{n}$$（简单算术平均式）

$$D=\frac{\sum_{i=1}^{n} d_i p_i}{\sum_{i=1}^{n} p_i}$$（加权算术平均式）

$$D=\sqrt[n]{\prod_{i=1}^{n} d_i}$$（几何平均式）

关于编写统计分析报告的内容比较容易掌握，但实际编写出好的分析报告是很难的。然而，只要努力学习，不断实践，经常写，就一定能写出有价值的分析报告，读者可参考实例练习写作。

【练习题】

（一）判断题

1.统计综合分析离不开数字，所以，统计综合分析可以是单纯地罗列数字、分析数字、揭示事物的本质。　　（　　）

2.科学地进行统计综合分析必须遵循“实事求是”这个基本原则。实事求是也可以说是统计综合分析的灵魂。　　（　　）

3.统计综合分析要认识事物的全貌，掌握现象运动的全过程，这就不能只限于

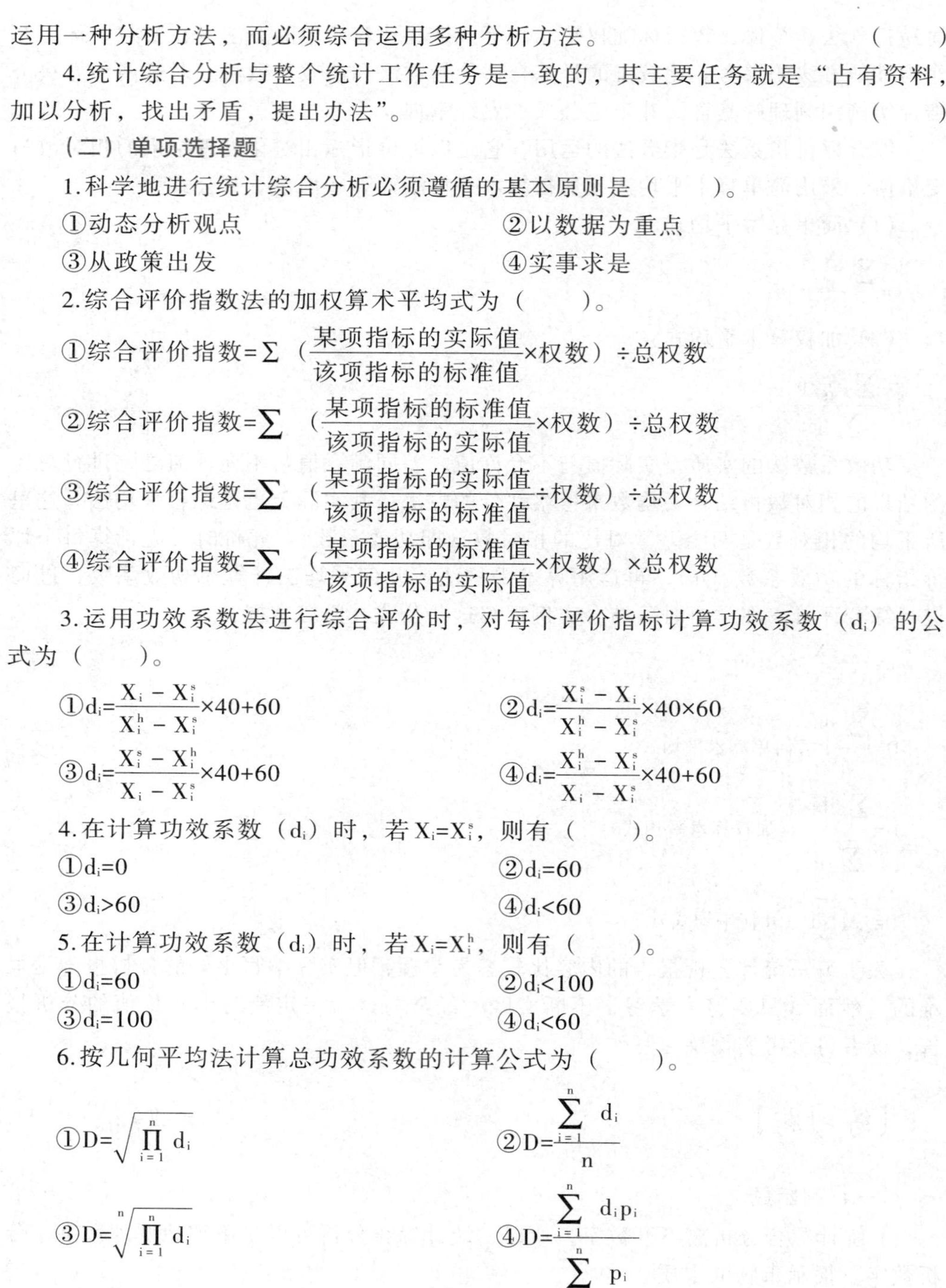

运用一种分析方法，而必须综合运用多种分析方法。（　）

4.统计综合分析与整个统计工作任务是一致的，其主要任务就是“占有资料，加以分析，找出矛盾，提出办法”。（　）

（二）单项选择题

1.科学地进行统计综合分析必须遵循的基本原则是（　）。

①动态分析观点　　②以数据为重点

③从政策出发　　④实事求是

2.综合评价指数法的加权算术平均式为（　）。

①综合评价指数=$\sum\left(\frac{\text{某项指标的实际值}}{\text{该项指标的标准值}}\times\text{权数}\right)\div\text{总权数}$

②综合评价指数=$\sum\left(\frac{\text{某项指标的标准值}}{\text{该项指标的实际值}}\times\text{权数}\right)\div\text{总权数}$

③综合评价指数=$\sum\left(\frac{\text{某项指标的实际值}}{\text{该项指标的标准值}}\div\text{权数}\right)\div\text{总权数}$

④综合评价指数=$\sum\left(\frac{\text{某项指标的标准值}}{\text{该项指标的实际值}}\times\text{权数}\right)\times\text{总权数}$

3.运用功效系数法进行综合评价时，对每个评价指标计算功效系数（d_i）的公式为（　）。

①$d_i=\frac{X_i-X_i^s}{X_i^h-X_i^s}\times40+60$　　②$d_i=\frac{X_i^s-X_i}{X_i^h-X_i^s}\times40\times60$

③$d_i=\frac{X_i^s-X_i^h}{X_i-X_i^s}\times40+60$　　④$d_i=\frac{X_i^h-X_i^s}{X_i-X_i^s}\times40+60$

4.在计算功效系数（d_i）时，若$X_i=X_i^s$，则有（　）。

①$d_i=0$　　②$d_i=60$

③$d_i>60$　　④$d_i<60$

5.在计算功效系数（d_i）时，若$X_i=X_i^h$，则有（　）。

①$d_i=60$　　②$d_i<100$

③$d_i=100$　　④$d_i<60$

6.按几何平均法计算总功效系数的计算公式为（　）。

①$D=\sqrt{\prod_{i=1}^{n}d_i}$　　②$D=\frac{\sum_{i=1}^{n}d_i}{n}$

③$D=\sqrt[n]{\prod_{i=1}^{n}d_i}$　　④$D=\frac{\sum_{i=1}^{n}d_ip_i}{\sum_{i=1}^{n}p_i}$

7.选择评价指标的主要原则是（　）。

①科学性、目的性、全面性和可行性

②科学性、目的性、及时性和可行性
③科学性、目的性、可靠性和及时性
④准确性、及时性、完整性和可行性
8.综合评价主要方法中的关键指标法的主要特点是具有（　　）。
①及时性或可靠性　　②全面性或可靠性
③代表性或典型性　　④综合性或关键性

（三）多项选择题

1.统计综合分析的主要形式有（　　）。
①专题性分析　　②总结性分析
③进度性分析　　④预测决策性分析
⑤周期性分析
2.在统计比较中依研究目的不同有各种各样的比较标准，常用的主要有（　　）。
①经验数据标准　　②理论数据标准
③时间数据标准　　④空间数据标准
⑤计划或政策规定数据标准
3.统计综合分析的主要特点是（　　）。
①以统计数据为基础，定量分析与定性分析相结合
②要掌握大量的统计数据
③要运用全面统计分析方法
④统计综合分析的目的在于提出办法解决问题
⑤综合运用多种分析方法
4.统计比较的作用主要是（　　）。
①加速现代化建设　　②认识事物
③进行监督　　④促进管理
⑤综合决策
5.统计比较的种类有（　　）。
①静态比较和动态比较　　②全面比较和典型比较
③相比比较和相差比较　　④速度比较和效益比较
⑤单项比较和综合比较
6.统计比较时间数据标准主要有（　　）。
①水平最低时期数据标准　　②前期数据标准
③历史最好时期标准　　④历史转折前期数据标准
⑤水平最高时期数据标准
7.统计比较空间数据标准主要有（　　）。
①最差水平标准　　②平均水平标准
③先进水平标准　　④相似空间标准
⑤互为标准

8.进行统计比较所必须遵守的具体规则是（　　）。

①统计比较事物的联系性

②统计比较指标含义的一致性

③统计比较时间限制的一致性

④统计比较空间范围的一致性

⑤统计比较指标的计算方法和计量单位的一致性

9.评价指标的选择主要建立在对评价事物定性研究的基础上，选择评价指标的主要原则是（　　）。

①科学性　②目的性

③全面性　④可行性

⑤无偏性

10.综合评价常用的主要方法有（　　）。

①关键指标法　②简易打分法

③个体比较指标加权平均法　④综合评价指数法

⑤功效系数法

（四）填空题

1.统计是认识社会的最有力的武器之一，认识的根本任务在于认识事物的本质和________。

2.科学地进行统计综合分析必须遵循________这个基本原则。

3.总结性的分析是从多方位和一定过程的角度进行综合研究，其主要特点是________性、系统性和________性。

4.根据分析结果形成分析报告。分析报告是分析研究成果的________。

5.统计比较按其时间状况不同可以分为静态比较和________。

6.统计比较按比较方式不同分为相比（除）比较和________。

7.统计比较按比较对象内容范围不同可分为________和综合比较（综合评价）两种。

（五）简答或简述题

1.什么是统计综合分析？其特点如何？有哪几种形式？

2.统计综合分析的一般原则、程序和方法是什么？

3.什么是统计比较？在统计综合分析中作用如何？它有哪几种类型？

4.统计比较标准是什么？有哪几种？统计比较规则是什么？

5.统计比较主要有哪些指标？都怎样计算？

6.统计比较中的综合评价是什么？

7.统计综合评价的步骤有哪些？选择评价指标需要注意的问题是什么？

8.综合评价的主要方法有哪些？

（六）计算题

1.某市甲、乙两地区经济效益指标如下表：

指标名称	计量单位	全国标准值	权　数	实际指标值	
				甲地区	乙地区
（1）总资产贡献率	%	9.5	0.10	9.8	9.5
（2）资本保值增值率	%	110.0	0.20	110.0	106.1
（3）资产负债率	%	55.0	0.10	60.0	50.0
（4）流动资产周转次数	次	1.8	0.20	1.9	1.7
（5）成本费用利润率	%	8.0	0.15	8.4	7.2
（6）全员劳动生产率	元/人	50 000	0.10	68 000	48 000
（7）产品销售率	%	98.0	0.15	99.0	97.0

要求：根据上表有关数据用综合指数法对甲、乙两地区经济效益进行综合评价。

2.某市甲、乙两地区经济效益指标如下表：

指标名称	计量单位	不允许值	满意值	实际指标值	
				甲地区	乙地区
（1）社会总成本净产值率	元/百元	45	48	48	55
（2）社会总成本利税率	元/百元	24	28	28	30
（3）社会劳动生产率（按国内生产总值计算）	元/人	15 000	24 000	20 000	24 000
（4）投资效果系数	元/百元	0.5	0.52	0.52	0.56
（5）技术进步经济效益	元/百元	55	62	62	68

要求：根据上表数据资料计算综合功效系数，对甲、乙两地区经济效益进行综合评价。

3.任选一项调查并根据调查得到的资料写一篇分析报告。

【参考答案】

（一）判断题

1.（×） 2.（√） 3.（√） 4.（√）

（二）单项选择题

1.④ 2.① 3.① 4.② 5.③
6.③ 7.① 8.④

（三）多项选择题

1.①②③④ 2.①②③④⑤ 3.①④⑤ 4.②③④
5.①③⑤ 6.②③④ 7.②③④⑤ 8.①②③④⑤
9.①②③④ 10.①②③④⑤

（四）填空题

1.规律性 2.实事求是
3.全面 综合 4.集中表现
5.动态比较 6.相差（减）比较
7.单项比较

（五）简答或简述题

1.答：

统计综合分析，就是指根据分析研究的目的，在相关科学理论的正确指导下运用统计方法，以统计资料为依据，结合具体情况，定性与定量相结合，对客观事物进行科学的分析和综合的研究，揭示其本质和规律性，提出解决矛盾的办法的一种逻辑思维活动。它是整个统计工作的一个重要阶段，是统计工作的最终环节，其好坏直接影响统计的质量。在统计实践中，只有开展统计综合分析，才能更好地发挥统计的作用，为各级领导和有关方面的公众提供有数据、有情况、有分析的资料，为制订计划和规划，实行宏观调控，落实有关方针、政策提供科学依据。

统计综合分析主要有以下特点：

（1）以统计数据为基础，定量分析与定性分析相结合；

（2）统计综合分析的目的在于提出办法、解决问题；

（3）综合运用多种分析方法。

根据统计综合分析的任务和研究重点不同，其形式综合归纳起来，主要有以下四种：

（1）专题性的分析；

（2）总结性的分析；

（3）进度性的分析；

（4）预测决策性的分析。

2.答：

科学地进行统计综合分析必须遵循“实事求是”这个基本原则。“‘实事’就是客观存在着的一切事物，‘是’就是客观事物的内部联系，即规律性，‘求’就是我们去研究。”实事求是也可以说是统计综合分析的灵魂。具体说要注意如下几点：（1）必须坚持“社会主义道路、人民民主专政、党的领导和以马克思列宁主义、毛泽东思想为指导思想”这四项基本原则；（2）必须坚持辩证唯物主义的观点，从实际出发，抓住事物的联系，以全面的、发展的观点进行分析研究，决不能按主观臆想去抓问题、找例证、弄情况、凑数字；（3）必须坚持定量分析与定性分析相结合，根据科学方法进行正确的计算研究，依照有关科学理论、政策、法规剖析客观存在的情况；（4）必须在一般与具体的结合中进行分析研究。只有这样，才能对客观事物的本质和规律性进行正确的、深刻的分析说明。

统计综合分析从选题到写出报告，其一般程序是：（1）选择并确定研究课题；（2）进行课题研究设计；（3）采集、积累与鉴别资料；（4）采用各种方法进行系统周密的分析；（5）得出结论，提出建议；（6）根据分析结果形成分析报告。具体程序可依实际条件灵活安排。

运用各种方法进行系统周密的分析是统计综合分析研究中最重要的环节，它是依据经过鉴别、整理的资料，进行刻苦、细致的思考，以及系统、周密分析的过程。进行系统、周密的分析，要运用各种统计方法，诸如分组法、综合指标法、时间数列法、指数法、抽样推断法、相关与回归分析法、预测估算法等。这些方法中既有静态分析，又有动态分析；既有描述方法，又有推算方法；既有实际的剖析，又有预测分析。众所周知，方法是达到目的的手段，了解并掌握每种方法的作用、应用条件和实施过程，对于搞好统计综合分析十分重要。但从系统、周密分析的角度来说，从总体上研究其运用问题则十分必要。

（1）要根据所研究对象的特点和分析研究的任务来选用适当的有效方法，它既可以是几种方法的有机结合，也可以是多种方法的综合运用。

（2）从各种方法的特点出发，灵活运用比较和对照，既可进行纵向对比，也可进行横向比较。在对错综复杂的现象进行对比综合分析时，要注意比得合理，比得恰当，比得有效。

（3）从统计认识活动总任务出发，深刻认识事物的本质和规律性，把比较法、剖析法、分解法结合起来。为认识事物的本质，要进行比较对照，层层剖析，细细分解，以便揭露矛盾，抓住症结。

（4）运用一般分析方法进行逻辑推理和判断，准确分清一般与个别，正确划分正常与非正常、主要与次要、必然与偶然、系统与非系统，综合概括，得出正确的结论。

（5）在运用统计方法进行系统而周密的分析时，切忌单纯用统计方法反复计算纷繁的数字，就数字论数字，脱离实际，胡乱发表结论，而应当将数字与情况相结合，定量与定性相结合，实事求是地下结论。

总之，要注意综合分析中多层次、多种方法的综合运用；问题与方法的交错性；统计综合分析中质与量的综合。

3.答：

比较对照是人们认识客观事物时普遍使用的一种逻辑思维方法。所谓统计比较是将统计指标所反映的实际数量状况与有关标准进行对照，计算出数量上的差别和变化，进而做出评价和判断的思维过程，它是比较法的一种。其主要特征是：总体数量的比较；客观实际数量状况的比较。统计比较是统计综合分析研究中最基本的常用方法，其主要有以下作用：

（1）可以更深入、更明确地认识事物；

（2）可以进行监督，深入分析原因，找出解决办法；

（3）可以发挥更大、更广泛的促进作用。

统计比较可以从许多不同的角度进行分类，主要有：

（1）按时间状况不同可以分为静态比较和动态比较；

（2）按比较方式不同可以分为相比（除）比较和相差（减）比较；

（3）按比较对象内容范围不同可分为单项比较和综合比较（综合评价）。

4.答：

统计比较是将比较现象的对象总体的统计数据与相比较对照（通称对照组、对照群、对照总体）的现象总体数据进行对比研究。作为相比较对照（对照组、对照群、对照总体）根据的统计数据称为比较标准，也称为比较基础数据，或比较基数。依研究目的不同有各种各样的比较标准，常用的主要有如下几种：

（1）经验数据标准；

（2）理论数据标准；

（3）时间数据标准；

（4）空间数据标准；

（5）计划或政策规定数据标准。

进行统计比较所必须遵守的具体规则主要有以下几点：

（1）统计比较事物的联系性规则；

（2）统计比较指标含义的一致性规则；

（3）统计比较时间限制的一致性规则；

（4）统计比较空间范围的一致性规则；

（5）统计比较指标的计算方法的一致性规则；

（6）统计比较指标的计量单位的一致性规则。

5.答：

从统计比较结果角度观察，统计比较指标是反映有联系、可进行比较的事物之间在时间、空间及事物内部或各事物之间的联系程度与差别的指标，通常称为比率、比例、比重、程度、速度和差数。

统计比较指标，从其比较方式来说，可以进行相比（除）比较和相差（减）

比较。

（1）相比（除）比较指标的计算公式。一般是比较对象指标除以比较标准指标。其公式为：

$$相比（除）比较指标=\frac{比较对象指标}{比较标准指标}$$

（2）相差（减）比较指标的计算公式。一般是比较对象指标减比较标准指标。其公式为：

相差（减）比较指标=比较对象指标-比较标准指标

6.答：

一般来说，评价是指对事物的评定、判断和估价。这里的综合评价是指根据统计数据，结合各种定性材料，在一定的认识基础上，通过数量的比较、计算、研究和论证，对被评价对象做出明确的评定、判断和估价。综合评价的结果表现为排出名次、分出等级，得出判断的结论。如判断经济运行的状况是否正常、过热或过冷等。综合评价是统计综合分析的重要方法。如果说，统计比较是统计综合分析的基本方法，统计比较指标是统计综合分析的主要工具的话，那么综合评价则是统计综合分析的核心内容。综合评价的结果涉及各方面，仅对被评价对象来说，会涉及其荣誉和物质利益等方面。综合评价在统计综合分析中占有重要地位。

7.答：

（1）选择评价指标，确定评价指标体系。

（2）选择综合评价方法。有各种各样的综合评价方法，有的简单，有的复杂。综合评价方法是确定使不能同度量的指标能够同度量的方法（一般称为无量纲化）和分指标的评价价值合成总评价值的方法。

（3）根据综合评价方法的要求确定有关的标准值。其包括无量纲化时使用的临界值（阈值）和参数，以及合成时反映评价指标不同重要程度的权数等。

（4）将指标实际值转化为评价值。

（5）将分指标的评价值合成为总评价值，进而用于排序或其他分析研究。

选择一个指标作全面评价，则要检查这个指标的代表性和可行性。多指标综合评价则要选择一套由反映各个侧面的指标组成的评价指标体系。这是任何综合评价中都要解决的重要问题。选择评价指标要遵循的主要原则是：科学性、目的性、全面性和可行性。

8.答：

综合评价的方法有很多，常用的主要方法有以下几种：

（1）关键指标法；

（2）简易打分法；

（3）个体比较指标加权平均法；

（4）综合评价指数法；

（5）功效系数法。

（六）计算题

1.解：

依公式：

$$综合评价指数(L_z)=\sum\left[\frac{某项指标的实际值(X)}{该项指标的标准值(B)}\times 权数(P)\right]\div 总权数\left(\sum P\right)$$

计算结果见下表：

某市甲、乙两地区经济效益综合评价指数计算表

指标名称	计量单位	全国标准值	权数	甲地区			乙地区		
				指标值	指数（%）	分数	指标值	指数（%）	分数
（甲）	（乙）	（1）	（2）	（3）	（4）= $\frac{(3)}{(1)}$	（5）=（4）×（2）	（6）	（7）= $\frac{(6)}{(1)}$	（8）=（7）×（2）
经济效益综合评价指数	分	—	1.00	—	—	106.84	—	—	95.22
（1）总资产贡献率	%	9.5	0.10	9.8	103.16	10.32	9.5	100.00	10.00
（2）资本保值增值率	%	110.0	0.20	110.0	100.00	20.00	106.1	96.45	19.29
（3）资产负债率	%	55.0	0.10	60.0	109.09	10.91	50.0	90.91	9.09
（4）流动资产周转次数	次	1.8	0.20	1.9	105.56	21.11	1.7	94.44	18.89
（5）成本费用利润率	%	8.0	0.15	8.4	105.00	15.75	7.2	90.00	13.50
（6）全员劳动生产率	元/人	50 000	0.10	68 000	136.00	13.60	48 000	96.00	9.60
（7）产品销售率	%	98.0	0.15	99.0	101.02	15.15	97.0	98.98	14.85

计算结果表明甲地区好于乙地区。

2.解：

采用改进的功效系数法计算公式，计算单项功效系数：

$$d_i=\frac{X_i-X_i^s}{X_i^h-X_i^s}\times 40+60$$

然后按算术平均法计算公式，计算综合功效系数：

$$D=\frac{\sum_{i=1}^{n} d_i}{n}$$

详见下表：

改进的功效系数表

指标名称	计量单位	不允许值 X_i^s	满意值 X_i^h	实际指标值 X_i		功效系数 d_i	
				甲地区	乙地区	甲地区	乙地区
（甲）	（乙）	（1）	（2）	（3）	（4）	（5）= $\frac{(3)-(1)}{(2)-(1)}\times 40+60$	（6）= $\frac{(4)-(1)}{(2)-(1)}\times 40+60$
（1）社会总成本净产值率	元/百元	45	48	48	55	100.00	193.33
（2）社会总成本利税率	元/百元	24	28	28	30	100.00	120.00
（3）社会劳动生产率（按国内生产总值计算）	元/人	15 000	24 000	20 000	24 000	82.22	100.00
（4）投资效果系数	元/百元	0.50	0.52	0.52	0.56	100.00	180.00
（5）技术进步经济效益	元/百元	55	62	62	68	100.00	134.29

计算综合功效系数：

$$\text{甲地区} D_{\text{甲}}=\frac{\sum_{i=1}^{n} d_i}{n}=\frac{100.00+100.00+82.22+100.00+100.00}{5}=96.44$$

$$\text{乙地区} D_{\text{乙}}=\frac{\sum_{i=1}^{n} d_i}{n}=\frac{193.33+120.00+100.00+180.00+134.29}{5}=145.52$$

计算结果表明，乙地区好于甲地区。

3.解：（略）

附录一

关于标准化考试命题试卷设计问题的说明

一、考试命题试卷设计的重要性

一般来说，考试就是根据考核的目的，让考试对象在规定的时间内，按规定的方式，解答事先编制的题目，对解答的结果评等评分，为主考者提供考试对象某些方面的知识和能力状况的信息。命题是考试工作的核心环节，是整个考试工作的科学化和现代化的关键。试卷是考试命题的集中体现。通过试卷观察考试对象解答问题的状况，可以检查教学效果，了解其对知识和技能的掌握情况，评定学生的学业成绩，进而检查各类教育机构的教学质量。科学、合理、规范化的试卷可得到真实而正确的反馈信息，反之则相反。所以，考试命题试卷设计非常重要。

二、设计与编制标准化试题和试卷的基本要求

设计试题和编制试卷是一项复杂而艰苦的智力劳动，要求命题者完全而且熟练地掌握所考核学科的知识与技能，同时还要熟悉考试学的理论，有一定的命题与配题技巧。这样，才能设计和编制出优良的标准化的试题和试卷。

（一）设计试题的基本要求

1.命题设计思路要清晰。提出的问题和设置的解题任务是考试学科内容中的实质性东西。具体说就是紧紧围绕教学（考试）大纲命题，不出超纲题、偏题、怪题和没有实际意义的题。

2.提出问题的方式、设置的解题任务的情境是新颖的、不落俗套的。

3.问题的含义是明确的，而非暧昧不清或模棱两可的；用语是简练的、准确的，而不是啰嗦的、令人费解的；解答的要求是清楚的、具体的，而非模糊的，更不是任意理解的。

4.问题的正确答案是有定论的，而非有争论的（有意考核对争论问题的看法除外），但有定论的问题也不一定是对教科书内容的照搬照抄。

5.难易度要适中，区分度要高。难度要体现在对实质性问题的理解深度上，区分度要体现在对实质性内容的掌握程度上。难易度和区分度还要体现在综合性和提高性题目上。

（二）编制试卷的基本要求

标准化的试卷，要由适当的题型构成，要以试题科学、合理为前提，在题型恰当、试题科学的基础上，还要符合以下几项要求：

1.试卷题量适当，考查的覆盖面广，考查点分布合理，考查的内容对整个考试内容具有足够的代表性，试题分布密度符合大纲要求。

2.试卷中各试题具有相对独立性。任一试题的表述及正确解答不能以其他某一试题的正确解答为前提，更不要构成对其他试题正确解答的提示。

3.试卷中试题的难度比例、考查深度符合大纲要求。一般而言，难易程度适中，考试结果成绩分布以呈正态分布为宜。

4.试卷中的试题排列方式合理，同类型题集中排放，由易到难，随机排列，切勿按教材内容章节顺序排。同类型题前扼要说明解答要求。

5.试卷中试题的组成要充分考虑主观性试题和客观性试题的科学、合理搭配，以便全面而综合地考查学生的知识和能力。

三、主观性试题和客观性试题

仅就我们评阅的各学科试卷来看，有各种各样的试题类型，可谓五花八门，如判断题、填空题、填图题、改错题、选择题、概念题或名词解释题、简答或简述题、计算题、证明题、论述题、作文题等等。如果抛开其他特征，仅以其正确解答是否唯一、评阅试题答案评分是否客观而论，可将其划分为两类：一类是正确答案有多种表述方式，评卷教师须凭主观经验赋分的，属主观性试题；另一类是正确解答唯一，不论由谁判卷都只能赋同样分数的，属客观性试题。上述判断题、填空题、填图题、改错题、选择题等属于客观性试题；概念题或名词解释题、简答或简述题、计算题、证明题、论述题、作文题等属于主观性试题。可见，“主观”与“客观”是从评阅试卷赋分角度而言的。

主观性试题是产生最早、历史最悠久、应用较广泛的试题，已有一千多年的历史；客观性试题产生较晚，只不过几十年的历史，可谓“风华正茂”，现实应用较多。

主观性试题的主要优点是：（1）可以从总体上对考生进行综合考查；（2）可以创设适当的问题情境，使考生能够比较充分地表述自己的见解；（3）能够在一定程度上反映考生解答问题的思维过程、回答问题的正确程度和深度；（4）设计试题比较容易。

主观性试题的主要缺点是：（1）一次考试的试题量往往太少，考试内容覆盖面较小；（2）阅卷评分常常因人而异、因时而异，不够客观、准确；（3）评阅主观性试题是一项复杂、难度较大的工作，对于规模较大的考试则是一项极为浩繁的工程。

客观性试题是在20世纪20年代产生的，是一种答法单纯、赋分划一的试题。客观性试题和主观性试题一样，不只是一种试题类型，而是具有某种共同特征的试题类型的总称。其特征是：试题的正确答案及表述是唯一的。此种试题按要求考生解答的方式，又分两种：（1）要求考生写出答案的，如填空题、填图题、改错题等；（2）给出备选答案，只要求考生画记号或写编号的，如判断题、选择题等。第二种应用较为广泛，可以用计算机阅卷，是客观性试题的主体，最受重视。在许多场合，它就是客观性试题的代名词。

同主观性试题相比，选择题等客观性试题的主要优点是：(1) 由客观性试题组成的试卷，题量大，覆盖面广。考生解答试题主要是阅览思考，解答方法是画记号或标写号码，或在给定的符号上涂抹。熟练的考生只需十几秒，就可解答一道题，一小时就可解答上百道题，从而使一份试卷可容纳几十道甚至几百道题，考查点可覆盖到考试课程的各个章节。(2) 考题答案准确，易于按统一标准评阅试卷。在考试中，学生留下的痕迹是在试卷的固定位置上的记号或号码，标准答案也是记号或号码，正确的得分，不正确的不得分。评卷标准统一，评卷工作变成非常简单的机械劳动。答案的客观性标准化程度高，不仅可避免评卷中所造成的主观上的错误，而且便于使用计算机阅卷评分。(3) 客观性试题，有利于引导考生全面学习有关学科课程基本理论内容；有利于防止考生单纯地死记硬背的倾向；有利于全面、综合、正确地了解考生的学习状况。(4) 客观性试题有助于防止押题、猜题的情况发生，有利于全面贯彻、落实教学大纲。

选择题等客观性试题的主要缺点是：(1) 试题设计和编制试卷比较复杂，难度大，需要较高的命题技巧和较长的时间；(2) 客观性试题难以考核考生对组织材料的分析能力、综合能力和文字表达能力，更难以考核考生的发散思维（或称求异思维）；(3) 考生答题情况反映不出考生解题的思维过程，有猜对答案而得分的可能。

四、统计学原理标准化试题设计与试卷编制的具体问题

统计学原理是高等院校财经类各专业的核心课程之一。这门学科的主要特点是根据认识活动的规律，阐述认识客观事物量的方面的理论、方法和技术。其课程体系包括统计设计、统计调查、统计整理和统计分析等；其内容既有基础知识、基本理论，又有基本技术方法；既有基本概念、原则、原理，又有基本公式及其证明；各章节逻辑严谨，联系紧密。在具体设计试题和编制试卷时，必须紧紧依据大纲，不超纲，不离纲，问题应含义明确、新颖不俗、用语简练、答案确定，具有一定的难度和较高的区分度。此外，还必须注意以下几个具体问题：

1.试题和试卷要注意主观性试题与客观性试题的结合使用，合理搭配。试卷中既要有一定数量的客观性试题，如选择题、填空题、判断题等；又要有比较充分而合适的主观性试题，如简答或简述题、论述题、计算题等。这样既有助于全面考核考生知识水平，又可在一定程度上考查考生解答问题的思维过程、回答问题的深度和语言文字表达水平。

2.要选用合适的客观性试题类型。客观性试题有多种，但就统计学原理这门课来说，题型不宜太多，形式不宜太乱，应注意统一、协调。统计学原理选用判断、填空、单选、多选等客观性试题是比较合适的。设计客观性试题要注意严谨、审慎，在内容上应是基本的、主要的，既要有广度，又要有深度；选择题中的题干与备选答案的语言文字表述应尽量简单、明了；备选答案的似真性、模糊性、迷惑性表述也应通顺。

3.试卷中的题量要适当，各种题型的比例要恰当。题量过多影响学生的答题情绪，题型过繁影响学生的创造性思维。

4.要充分考虑本课程内部各章节特点。由于各章节内容要求不同，选用题型及分数不应平均分配，应依各章节的内容特点选用题型，设计试题，确定题量。

5.要与时俱进，实事求是。设计试题和编制试卷要紧紧依据客观形势的发展，充分考虑考生的实际情况，适当变换题型，增减题量，不能千篇一律，固定不变。

附录二[①]

统计学原理模拟试卷（一）

题　号	一	二	三	四	五	六	总　分	
分　值	10	20	10	10	20	30	核分人	
得　分							复查人	

得　分	评卷人	复查人

一、判断题（判断正“√”、误“×”，每题1分，共10分）

1. 现实生活中，统计有三种含义，即统计工作、统计资料和统计科学。（　　）
2. 科学地进行统计综合分析必须遵循“实事求是”这个基本原则。（　　）
3. 典型调查的误差可以控制。（　　）
4. 定量预测必须以定性预测为基础，定性预测是定量预测的前提。（　　）
5. 统计分组的关键在于确定组距和组数。（　　）
6. 相关关系和函数关系都属于完全确定性的依存关系。（　　）
7. 总量指标是统计中最基本的综合指标，在实际工作中应用十分广泛。（　　）
8. 极限抽样误差总是大于抽样平均误差。（　　）
9. 标志变异指标说明变量的集中趋势。（　　）
10. 指数体系是进行因素分析的根据。（　　）

得　分	评卷人	复查人

二、单项选择题（从下列各题的备选答案中，选出一个正确答案，并将其号码填在题干后的括号内。每题1分，共20分）

1.2019年我国国内生产总值为519 322亿元，这是（　　）。

①数量指标　　②质量指标

① 此两套模拟试卷答案请登录东北财经大学出版社网站www.dufep.cn查询或下载。

③数量标志　　④品质标志

2.对全国工业企业的生产设备进行普查，则调查对象是（　　）。

①全国所有工业企业　　②全国工业企业的全部生产设备

③全国工业企业的全部设备　　④全国工业企业的每一台生产设备

3.对一批产品进行质量检验，最适宜采用（　　）。

①普查　　②重点调查

③抽样调查　　④典型调查

4.某企业今年计划规定商品销售利润率为12%，实际商品销售利润率为15%，则商品销售利润率计划完成程度的计算式为（　　）。

①$\frac{1+15\%}{1+12\%}$　　②$\frac{15\%}{12\%}$

③115%-112%　　④15%-12%

5.下列指标中属于时点指标的是（　　）。

①商品销售额　　②商品销售量

③商品销售利润额　　④商品库存额

6.一般来说，动态数列中的指标数值可直接相加并具有实际意义的是（　　）。

①相对数动态数列　　②平均数动态数列

③时期数列　　④时点数列

7.在等距数列中，组距的大小与组数的多少成（　　）。

①正比　　②等比

③反比　　④不成比例

8.某地区国内生产总值2019年比2014年增长30%，则该地区在这一时期国内生产总值的年平均发展速度应该是（　　）。

①$\sqrt[5]{30\%}=78.60\%$　　②$\sqrt[6]{30\%}=81.82\%$

③$\sqrt[5]{130\%}=105.39\%$　　④$\sqrt[6]{130\%}=104.47\%$

9.某地区今年社会商品零售价格上涨1.6%，社会商品销售量增长8%，则其社会商品销售额增长了（　　）。

①6.40%　　②13.33%

③9.60%　　④9.73%

10.相关系数r的值越接近于-1，表明两变量间（　　）。

①没有相关关系　　②线性相关关系越弱

③负相关关系越强　　④负相关关系越弱

11.某企业产值计划规定今年比去年提高10%，实际提高了15%，则其计划完成程度为（　　）。

①104.55%　　②150%

③5%　　④4.45%

12.下列各项中属于全面调查的是（　　）。

①重点调查　　②典型调查

③抽样调查　　④人口普查

13.是非标志标准差计算公式是（　　）。

①$\sqrt{P(1-P)}$　　②P（1-P）

③$\sqrt{Q(1-P)}$　　④P（1-P）^{2}

14.在抽样调查中，抽取样本时必须遵循（　　）。

①随意原则　　②随机原则

③可比原则　　④对等原则

15.当变量x按一定数值变化时，变量y也近似地按固定数值变化，这表明变量x和变量y之间存在着（　　）。

①完全相关关系　　②复相关关系

③直线相关关系　　④没有相关关系

16.按照预测性质分，预测可分为（　　）。

①宏观预测与微观预测　　②趋势预测与回归预测

③定性预测与定量预测　　④静态预测与动态预测

17.评价指标体系的确定，是综合评价能否准确反映全面情况的前提，选择评价指标的主要原则是（　　）。

①科学性、目的性、全面性和可行性

②科学性、目的性、及时性和可行性

③科学性、目的性、可靠性和及时性

④准确性、及时性、完整性和可行性

18.变量数列中各组频率（以百分数表示）的总和应该（　　）。

①大于100%　　②小于100%

③不等于100%　　④等于100%

19.在计算功效系数（d_i）时，若$x_i=x_i^s$，则有（　　）。

①$d_i=0$　　②$d_i=60$

③$d_i>60$　　④$d_i<60$

20.在统计预测中，以相关数列为依据建立的模型叫（　　）。

①直线趋势模型　　②回归模型

③二次抛物线趋势模型　　④比例预测模型

得　分	评卷人	复查人

三、多项选择题（从下列各题的备选答案中，选出二个至五个正确的答案，并将其号码填在题干后的括号内。多选、少选、错选均无分，每题1分，共10分）

1.下列各项中属于时期指标的是（　　）。

①产品产量　　②商品库存量
③年底职工人数　　④年末设备台数
⑤工资总数

2.下列等式中，表述正确的有（　　）。
①增长速度=发展速度-1　　②环比发展速度=环比增长速度+1
③定基增长速度=定基发展速度+1　　④平均发展速度=平均增长速度+1
⑤累计增长量=各逐期增长量之和

3.在相对数中，分子和分母可以互换的指标有（　　）。
①强度相对数　　②动态相对数
③结构相对数　　④比较相对数
⑤计划完成相对数

4.常用的标志变异指标主要有（　　）。
①变异全距　　②平均差
③相关系数　　④标准差
⑤标准差系数

5.分析测定长期趋势的方法主要有（　　）。
①时距扩大法　　②序时平均法
③最小平方法　　④移动平均法
⑤半数平均法

6.统计指标和指标体系设计时应遵守的原则是（　　）。
①目的性原则　　②科学性原则
③联系性原则　　④可比性原则
⑤统一性原则

7.统计资料汇总前审核的主要内容包括（　　）。
①资料的系统性　　②资料的广泛性
③资料的准确性　　④资料的及时性
⑤资料的完整性

8.评价点估计量优良性的标准有（　　）。
①精确性　　②无偏性
③有效性　　④一致性
⑤可靠性

9.统计预测一般应遵循的原则是（　　）。
①连续性原则　　②类比性原则
③非线性原则　　④概率性原则
⑤线性原则

10.在统计比较中依研究目的不同有各种各样的比较标准，常用的主要有（　　）。

①经验数据标准　　②理论数据标准
③时间数据标准　　④空间数据标准
⑤计划或政策规定数据标准

得　分	评卷人	复查人

四、填空题（每空1分，共10分）

1.标志是说明________特征的，而指标是说明________特征的。

2.根据分析结果形成分析报告。分析报告是分析研究结果的________。

3.统计预测的依据是统计理论，使用的工具是________。

4.统计表是表现________最常用的一种形式。

5.相关关系是指现象之间客观存在的，在数量变化上受随机因素的影响，________的相互依存关系。

6.同样多的人民币少购2%的商品，价格指数为________。

7.统计整理在统计分析中起着承前启后的作用，它既是统计调查的________，又是统计分析的________。

8.反映现象总体规模或水平的指标称为________。

得　分	评卷人	复查人

五、简答或简述题（每题5分，共20分）

1.动态数列有哪些作用？

2.简述统计分组的作用。

3.计算和应用相对指标应该注意什么问题？

4.统计综合分析有哪些特点？

得　分	评卷人	复查人

六、计算题（本大题共4小题，第1、2题各5分，第3、4题各10分，共30分，要求写出计算公式和过程，计算结果如不能整除，请保留两位小数）

1.某机械工业公司工人月工资水平分组情况如下：

按月工资水平分组（元）	人数（人）	组中值（元）	比重（%）
1 000以下	200		
1 000～1 500	300		
1 500～2 000	500		
2 000～2 500	120		
2 500及以上	80		
合　计	1 200	—	

要求：（1）指出上面属于什么数列；（2）计算各组的组中值和比重（计算结果直接填入表内）；（3）计算该公司工人月平均工资。

2.某电视机厂按重置抽样方法随机抽选100台电视机进行质量检验，发现有5台不合格。

要求：（1）试以68.27%的概率保证程度推断这批电视机的合格率；（2）若概率保证程度提高到95.45%，则结果如何？（3）由此说明误差范围与概率度之间的关系。

3.某公司三种产品的价格与产量资料如下：

产品	价格（万元）		产量（吨）	
	基期	报告期	基期	报告期
甲	6.1	6.8	200	260
乙	4.2	4.5	600	680
丙	9.0	9.4	320	400

要求：编制三种产品的产量总指数和价格总指数。

4.某地区第一至第五年某种产品产量如下：

年份（序号）	产品产量（万吨）
一	20
二	22
三	24
四	27
五	30
合计	123

要求：用最小平方法配合直线方程，并依此预测第六年和第七年产量。

统计学原理模拟试卷（二）

题　号	一	二	三	四	五	六	总　分	
分　值	10	20	10	10	20	30	核分人	
得　分							复查人	

得　分	评卷人	复查人

一、判断题（判断正“√”、误“×”，每题1分，共10分）

1.列宁指出：社会经济统计是“认识社会的最有力的武器之一”。（　　）

2.按品质标志分组所形成的数列是变量数列。（　　）

3.所有变量值与平均数的离差之和为最大。（　　）

4.可变组成指数=固定组成指数×结构影响指数。（　　）

5.在直线回归分析中，两个变量是对等的，不需要区分因变量和自变量。（　　）

6.统计表设计的一般原则和要求是科学、实用、简明、美观。（　　）

7.结构相对指标，采用百分数表示，其计算式的分子和分母只能是时期指标。（　　）

8.平均增长速度是环比增长速度的连乘积开n次方根。（　　）

9.根据样本总体各单位的标志值或标志特征计算的综合指标称为样本指标。（　　）

10.在预测中运用回归技术时，为了突出近期观察值的影响，通常给予近期观察值比较大的权数。（　　）

得　分	评卷人	复查人

二、单项选择题（从下列各题的备选答案中，选出一个正确答案，并将其号码填在题干后的括号内。每题1分，共20分）

1.统计指标的特点是（　　）。

①数量性、综合性、具体性

②准确性、及时性、全面性

③大量性、同质性、差异性

④科学性、客观性、社会性

2.反映同类事物在不同时间条件下对比结果的综合指标称为（　　）。

①动态相对指标　　②比较相对指标

③比例相对指标　　④强度相对指标

3.间隔不等的间断时点数列序时平均数的计算，应使用下列公式（　　）。

①$\bar{a}=\frac{\sum a}{n}$　　②$\bar{a}=\frac{\sum at}{\sum t}$

③$\bar{a}=\frac{\frac{a_1+a_n}{2}+\sum_{i=2}^{n-1}a_i}{n-1}$　　④$\bar{a}=\sum_{i=1}^{n-1}\frac{a_i+a_{i+1}}{2}\cdot\frac{t_i}{\sum_{i=1}^{n-1}t_i}$

4.在抽样调查中，（　　）。

①既有登记误差，也有代表性误差

②既无登记误差，也无代表性误差

③只有登记误差，没有代表性误差

④没有登记误差，只有代表性误差

5.用最小平方法，确定预测模型中的参数值时，它的数学依据是（　　）。

①$\sum(y-\hat{y})^2=0$　　②$\sum(y-\hat{y})^2$=最小值

③$\sum(y-\hat{y})$=最小值　　④$\sum(y-\hat{y})\neq0$

6.统计指标按其在管理工作中的作用不同，可分为（　　）。

①质量指标和数量指标

②考核指标和非考核指标

③计划指标和实际指标

④总量指标和平均指标

7.计划规定商品销售额较去年增长3%，实际增长6%，则商品销售额计划完成情况相对指标的算式为（　　）。

①$\frac{6\%}{3\%}$　　②$\frac{106\%}{103\%}$　　③$\frac{3\%}{6\%}$　　④$\frac{103\%}{106\%}$

8.某企业上年平均每季度的生产计划完成程度为102%，则该企业上年全年生产计划的完成程度为（　　）。

① 204%　　② 306%　　③ 408%　　④ 102%

9.置信区间的大小表达了区间估计的（　　）。

①完整性　　②准确性　　③可靠性　　④及时性

10.二次曲线预测模型的参数有（　　）。

①一个　　②二个　　③三个　　④三个以上

11.调查某大学6 000名学生学习成绩，则总体单位是（　　）。

①6 000名学生　　②6 000名学生的学习成绩

③每一名学生　　④每一名学生的学习成绩

12.统计分组的结果表现为（ ）。

①组内同质性，组间差异性

②组内差异性，组间差异性

③组内同质性，组间同质性

④组内差异性，组间差异性

13.某地去年年底有500万人口，零售商店有2.5万个，则商业网点密度指标为（ ）。

① 5个/千人 ② 0.5个/千人

③ 50个/千人 ④ 2个/千人

14.某企业生产费用今年比去年增长20%，产量今年比去年增长25%，则单位成本今年比去年下降了（ ）。

① 5% ② 0.05% ③ 4% ④ 12.5%

15.单位产品成本与其产量相关，单位产品成本与单位产品原材料消耗量相关，（ ）。

①前者是正相关，后者是负相关

②前者是负相关，后者是正相关

③两者都是正相关

④两者都是负相关

16.综合评价的主要方法中的关键指标法的主要特点是具有（ ）。

①及时性或可靠性 ②全面性或可靠性

③代表性或典型性 ④综合性或关键性

17.组距变量数列的全距等于（ ）。

①最大组的上限与最小组的上限之差

②最大组的下限与最小组的下限之差

③最大组的下限与最小组的上限之差

④最大组的上限与最小组的下限之差

18.反映总体中各构成部分之间数量关系程度和比例关系的综合指标称为（ ）。

①比较相对指标 ②比例相对指标

③强度相对指标 ④结构相对指标

19.年劳动生产率x（千元）和工人工资y（元）之间的回归方程为$\hat{y}=10+70x$，这意味着年劳动生产率每提高1千元时，工人工资平均（ ）。

①增加70元 ②减少70元

③增加80元 ④减少80元

20.某企业的职工工资水平今年比去年提高了5%，职工人数增加了2%，则该企业工资总额增长了（ ）。

①10% ②7.1% ③7% ④11%

得　分	评卷人	复查人

三、多项选择题（从下列各题的备选答案中，选出二个至五个正确的答案，并将其号码填在题干后的括号内。多选、少选、错选均无分，每题1分，共10分）

1.统计预测按其预测对象可分为（　　）。
①微观预测　②宏观预测
③长期预测　④定量预测
⑤定性预测

2.在直线相关和回归分析中，（　　）。
①据同一资料，相关系数只能计算一个
②据同一资料，相关系数可以计算两个
③据同一资料，回归方程只能配合一个
④据同一资料，回归方程随确定的自变量与因变量的不同，可能配合两个
⑤回归方程和相关系数均与自变量和因变量的确定无关

3.简单随机化抽取调查单位时，其方法有（　　）。
①纯随机抽样　②等距抽样
③重复抽样　④不重复抽样
⑤整群抽样

4.统计指数按其方法论原理可分为（　　）。
①总指数　②综合指数
③简单指数　④加权指数
⑤平均指数

5.一个动态数列的基本要素包括（　　）。
①变量　②次数
③现象所需时间　④现象所属地点
⑤反映现象的统计指标数值

6.加权算术平均数的大小（　　）。
①受各组次数多少的影响
②受各组标志值大小的影响
③受各组标志值和次数的共同影响
④不受各组标志值的影响
⑤与各组次数分布多少无关系

7.总量指标按其采用的计量单位不同可以分为（　　）。
①时期指标　②时点指标
③实物指标　④劳动指标

⑤价值指标

8.下列分组属于数量标志分组的有（　　）。

①按工龄分组　　②按性别分组

③按工种分组　　④按人数分组

⑤按平均工资分组

9.从形式上看，统计表的主要组成部分包括（　　）。

①总标题　　②填表日期　　③横栏标题

④纵栏标题　　⑤指标数值

10.变量按其是否连续可分为（　　）。

①确定性变量　　②随机性变量　　③连续变量

④离散变量　　⑤常数

得　分	评卷人	复查人

四、填空题（每空1分，共10分）

1.所有变量值与其算术平均数的离差之和等于________。

2.同一动态数列两相邻累计增长量之差等于________。

3.在抽样调查中，按随机原则从总体中抽取出来的那一部分单位叫作____________。

4.统计分组实质上是在统计总体内部进行的一种________。

5.价值指标是以货币为单位计算的总量指标，具有广泛的________。

6.在编制总指数过程中，为了解决总体各要素的量不能直接相加而使用的媒介因素称为________。

7.根据事物发展至今所表现出的规律性，对其未来进行预测，称为______________。

8.反映回归方程精确度的指标是________。

9.制定统计报表首先要遵循________原则。

10.可变标志在总体各个单位具体表现上的差别就是________。

得　分	评卷人	复查人

五、简答或简述题（每题5分，共20分）

1.统计有哪些重要作用？

2.简述统计指数的分类。

3.影响抽样误差大小的因素有哪些？

4.重点调查的“重点”的含义是什么？重点调查有什么优点？

得　分	评卷人	复查人

六、计算题（本大题共4小题，第1、2题各5分，第3、4题各10分，共30分，要求写出计算公式和过程，计算结果如果不能整除，请保留两位小数）

1.某地区去年粮食产量资料如下：

按单位面积产量分组（千克/公顷）	播种面积（公顷）
3 000以下	500
3 000～4 000	3 000
4 000～5 000	4 500
5 000及以上	2 000
合　计	10 000

要求：根据上表资料计算该地区粮食作物平均单位面积产量。

2.已知：n=6，$\sum x=15.7$，$\sum y=6.8$，$\sum x^2=41.55$，$\sum y^2=8.10$，$\sum xy=18.22$。

要求：（1）计算相关系数；（2）建立y依x的直线回归方程。

3.某地2014—2019年汽车产量如下：

年 份	2014	2015	2016	2017	2018	2019
汽车产量（万辆）	9.3	10.1	11.2	16.5	17.6	20.8

要求：（1）计算这个时期的累计增长量和平均增长量；（2）计算这个时期的平均增长速度。

4.某甲、乙两地区工业经济效益指标如下：

指标名称	计量单位	标准值	权数	甲地区			乙地区		
				指标值	指数%	分数	指标值	指数%	分数
工业经济效益综合指数	分	—	1.00	—	—		—	—	94.454
（1）总资产贡献率	%	9.5	0.10	9.8			9.4	98.95	9.895
（2）资本保值增值率	%	110.0	0.20	110.5			109.2	99.27	19.854
（3）资产负债率	%	55.00	0.10	60.0			50.6	92.00	9.200
（4）流动资产周转次数	次	1.8	0.20	1.9			1.6	88.89	17.778
（5）成本费用利润率	%	8.0	0.15	8.6			7.5	93.75	14.063
（6）全员劳动生产率	元/人	50 000	0.10	65 000			45 000	99.00	9.000
（7）产品销售率	%	98.00	0.15	98.5			95.8	97.76	14.664

要求：（1）计算甲地区工业经济效益综合指数；（2）对甲、乙两地区工业经济效益进行综合评价。